0歳からの教育
― スマートプロジェクトメソッド ―

島田教明・辻井 正　共編著

Octave

ごあいさつ

　平成21年7月、私のまち、山口県防府市では、記録的な豪雨災害で老人ホームのお年寄りを含む19名の方が亡くなられました。
　平成23年3月11日、東日本大震災。世界中が忘れられない日となりました。被災された方に、お見舞いを申し上げ、命をなくされた方、ご遺族の方々に心より哀悼の意を表します。
　同年5月に、郡山市、磐梯熱海温泉、仙台市、荒浜地区、名取川、名取市などにお伺いする機会を得ました。福島県、宮城県の、まちづくり、川づくりで活動している旧知の仲間たちが案内してくれ、被災後の取り組みや思いを、そして何とか踏ん張っていることを、夜を徹してお伺いしました。その仲間の一人、仙台市の消防関係に携わっている方の言葉が、本書出版の後押しとなりました。

　その方は、震災直後から4日間寝ずに、住民の避難や救助の指揮を執ったそうです。
　「昨年、平成22年2月のチリ大地震のときは、津波避難を要請しても、なかなか住民の理解を得られず苦労しました。今まで何十年も、ここで生きてきて津波が襲ってきたことはなかったとお叱りを受けながらの避難要請。そのような苦い経験やこのたびの津波被害を受け、幼い時に自然の怖さを教えておくこと、逃げ方やリスクについても教えておくこと、そのためには、教育がいかに重要かを痛感しました。島田さん、幼児教育が大切ですよ。」と話してくれたのです。
　あわせて、この度の災害において、自主防災組織の充実や避難訓練を実施していた地域と、そうでなかった地域で避難の対応に差があったようにもお聞きしました。
　ちなみに、チリ大地震後に避難方法を変更した特別養護老人ホームでは、このたびの震災でも、利用者・職員とも、一人も犠牲者を出さなかったそうです。全壊した建物を目の当たりにして、犠牲者ゼロというのが、信じがたく、私の目には奇跡のように映りました。
　別れ際、その方の言葉が胸を打ちました。
　「私たち消防関係者は、自分で自分の家族を守ることができないのです。緊急時は出動しなければなりません。だから、自分の家を建てる時にはそのことも含め真剣に考えました。家しか家族を守るものはないのです。現代では、新たに土地を求めて家を建てるとなると、安全で安心な場所を選ぶのはなかなか難しいと思います。極端な言い方をすれば、山を切り開いたところか、埋め立てをした液状化する可能性のあるところかの選択になるのです。切り土か盛り土という

ことです。私は液状化の方を選択しました。

　最終的には命を守るという大前提があるわけです。そのことを基準に比較検討すれば液状化現象で命を失う確率は少ないと思いますから。

　当然、選択した以上は地盤の補強、耐震化を図ったうえですが、私の場合は家の中のものが落ちて壊れたぐらいで済みました。それもきちんと固定することを忘れていなかったら大丈夫だったと思います。状況を的確に見定め、その人に合った選択をすることはとても大事です。でも、選択したからには、最終的には自己責任でもあります。」と話の最後に言いきられたのです。

　驚きました。「選択、自己決定、自己責任」、私たちがプロジェクト教育で求め続けてきたこと。そのことが、被災の話や防災の話をされる中で、いかに重要かが、みごとに語られたことに感動を覚えました。人命を守るという社会の第一線で活躍している方の言葉から、私たちの教育の基本が重要なこととして語られたのです。

　乳児・幼児であっても、生活する中で選択・決定を自ら行っていく。それが自己責任につながり自立への教育になると信じて、子どもたちの遊びや学びの環境を整えてきたこと。その環境に子どもをおいてあげること。しかも、遊びという身近な生活にある自然なものを通して、喜びながら繰り返しトレーニングできる。その環境づくりこそがこのメソッドの最大の柱と考え、試行錯誤してきたことが、あたかも点と点が線になるようにつながってきたのです。

　「液状化する可能性があっても、より安全だと判断した土地に我が家を建てること」と「子どもたちが自立できるよう新たなメソッドに取り組んできたこと」。この2つのことが、「選択することをトレーニングし、より的確な判断（自己決定）がとれるように仕向けていくことで、よりよい結果を導き出せる」という一つの理念・考えで一致していたのです。

　復旧から復興へ思いが募る仙台の夜は、私には、被災地を目の当たりにして「言葉にならない」ほどの厳しさを体感するとともに、とても貴重な時間となったのでした。
私たちのメソッドは社会に通用する。これからの、この国の社会の中で必要なベースであるとの確信を得ることができたのです。

　『21世紀の保育モデル』の続編を出したいという思いは、実は、もう少し前から念頭にありました。さかのぼること、平成22年12月、研修会場で辻井先生にお会いした際、期せずして、互

いが同時に「本を出しませんか？」と口を開いたのです。ただ、先生と私の思いは少し異なってはいましたが。

　辻井先生は「きんこう保育園の赤ちゃん（0、1歳）クラスの見事な保育を世に伝えたい。」と考えておられました。しかし、私の思いは「『21世紀の保育モデル』出版後、ピラミッドメソッド、プロジェクト保育を発展・展開させてきた中関幼稚園のメソッドを、再度世に問いたい。」ということにありました。

　私は、メソッドが深まるほどに、変化していく子どもたちの目の輝きに心を打たれていたのです。意欲的に園生活を楽しんでいる姿にプロジェクト教育の発展を見ていました。さらに、毎年の教材をストックし積み上げ、遊びの中で学ぶことを展開させ、化学変化させてくれた職員にも敬服していました。また、その教育メソッドをよく理解し、支援して下さった保護者、地域の方に一つの幼児教育の基準となる提言をすることで感謝の思いを伝えたいとも考えていたのです。

　なお、幸いであったのは、平成22年9月から内閣府「子ども・子育て新システム検討会議」の「こども指針（仮称）」ワーキングチームのメンバーの一人として幼保一体化後の指針づくりの会議に参画していたことです。

　私のワーキングチームの会議では、幼保一体化を目指し、幼稚園教育要領と保育所保育指針を一本化することが主な検討課題でした。出席者は有識者、大学学長、大学教授、幼稚園・保育園・認定子ども園・保護者代表、それらを統括する内閣府・厚生労働省・文部科学省の副大臣や官僚です。幼保一体化へのそれぞれの立場の違いがあり、最初はギクシャクしていたのですが、少しずつ面々に変化が見えはじめました。

　要は、「いかに、一律・一斉型の教育スタイルから脱却し、グループの中で個をどう育てていくかに重きを置いた、これからの日本の子どもたちにとってベストな保育と教育を考えていきたい。」という考えで、メンバーのほとんどが一致していることがわかったからだと思います。

　方向性はわかっていながら、具体性を持ち合わせていないこともよくわかったといえます。となると、私の目指してきたプロジェクトメソッドの方向性とまったく一致するのです。
自分たちが目指してきたスタイルは間違いないと確信しました。しかも、わかりやすく伝えやすい、具体性を持ったメソッドなのです。

　そのこともあり、「乳児幼児の教育・保育メソッドとして幼保一体化を見越した現場からの実

践版として出版しよう。」ということになったのです。

　不思議なご縁だと思います。私自身これまで多くの先生方にお導きを頂戴してきました。
　とりわけ、白鷗大学名誉教授の荒井　洌先生には、保育環境の大事さを熱心に教えていただきました。十数年前初めてご一緒したスウェーデンでのことです。
　ストックホルムから少し南に位置した保育園で「水」をテーマにした教育メソッドを教えてもらったことが印象に残っています。

・1年目、「水」について。
・2年目、「家の中の水」について。
・3年目、「家の外の水」について。

　3年という長期にわたって子どもたちにテーマを用意し、そこから派生するさまざまな知識を学び、さらに地域に出ていき、実体験で「水」を学ぶ。ありがたさも怖さも含めて学ぶのです。
　そのスタイルに興味をひかれました。いまだに強く記憶に残っていますが、これこそ子どもたちに経験してほしい学びであると直感したのです。
　これからの教育はこれだ。このスタイルだ。
　いつかこの教育を日本で実践したいと。

　それが、ピラミッドメソッド・プロジェクト教育と呼ばれていることを知ったのは近年のことですが、保育環境の見直しを行い、具体性を持った新たな教育メソッドを求め、もう一つ美的センス、アートと呼んだ方がいいかもしれないのですが、それらを有機的に結び付けていった方向性は、結果として子どもたちの姿に変化をもたらしたと考えています。
　結果としてとは、園の運営のつまずき、カリキュラムの方向性さえ見えない時に、たまたま出合ったコーナー保育。それによりわずかな子どもたちの変化に勇気をもらいました。
　重なるように、和久洋三先生と出会い、積み木遊びの質と量の必要性、さらに子どもたちの遊びの中に美しさがいくらでも潜んでいる、それを表面化するよう援助していくことでアートになることを学んだのです。

創造性を育む環境を用意するほど、子どもたちの楽しむ笑顔がどんどん増えていく。そこに、身近な生活から組み立てられた具体性を持った新たなスタイルのピラミッドメソッドが加わった。
　偶然の出合いなのです。ただ、環境に着目して私たちが選択していった結果、私どもが歩んできた一つひとつが、プロジェクト教育の土壌となっていたのです。
　アートについて、一言。この国の教育はアートについて根本的に見直したほうがよいと思います。幼い時こそ、本物の美しさ、本物の色合い、本物の音色に触れさせることを惜しんではならないのです。

赤ちゃんは受容の天才

　さらに、赤ちゃんの保育の見直しを進めていくほど、よくわかったのは「赤ちゃんは素晴らしい！」ということです。言葉としては応えなくとも、ほとんどのことを理解し、受容していると思うのです。はっきりとした目的と意味のあるかかわりをすることで、職員の次の行動の予測をすることができるようになります。予測ができるようになると、先が見通せるから、安心し安定してきます。保育室の落着きがガラッと変わっていったのです。
　受容は大人側だけのものではなく赤ちゃんこそ「受容」の天才でした。

- ・環境を整え大人が状況に応じ的確に応対、会話すると、先を見通すことができるようになる。
- ・赤ちゃんは大人の態度、言葉をほとんど理解している。
- ・その理解力の素晴らしさをベースにし、乳児の保育・教育を組み立てる。

　赤ちゃんのしっかりした生活の上に、発展したプロジェクト教育がつながってきます。その実践結果をぜひ本にして出したいというのが、辻井先生の思いでした。このふたつの思いが重なり、本書の出版へとつながったのです。

タイトルは「0歳児からの教育」

　出版を決意した時からタイトルは決まっていました。私たちが目指しているのは「自立のため

の教育」です。大家族でさまざまな人や物とのかかわりの中で育つことができた、かつてのこの国の子育て。物もお金もなくとも、人のかかわり方に素敵な伝統があったはずです。生活を生活する中で、学びがあり、発達があった時代、自立を目指した時代を取り戻したいと思うのです。

　赤ちゃんのすばらしさを赤ちゃんから学んだ以上、赤ちゃんの育ちの時を大切に、大切にしてあげなければ…。赤ちゃんにかかわるものの責務が、今、問われているのです。

「スマートプロジェクトメソッド」

　厳しい局面の連続でしたが、新しい保育スタイルを求めての試行錯誤の後、『21世紀の保育モデル』を3年前に出版しました。一冊の本として形になったことで、その本は、自分たちの教育・保育の管理基準にもなっていきました。その基準ができたからこそ、それをたたき台として、プロジェクト教育を発展させることができ、新たな教育メソッドが生まれてきたのだと思います。

　一方で、担当制保育を掘り下げ、自園用に展開させる試みも行ってきました。それにより、職員の動き（導線）がスマートになり、かつ、小さなグループの中においても、一人ひとりを大事にできる新たな担当制保育の発展につながりました。さらに、乳児と幼児の世界を0歳児からつながる発達として捉えたこと。そこを基盤に赤ちゃんの保育スタイルを見つめなおしたことは、「0歳児からの教育」と言ってもよいものではないかということなのです。

　そして、この二つを一冊の本として提示することは、子どもが生活し、遊びを楽しみながらも、0歳児から一定の教育水準を確保することが可能であるということなのです。

　そのことを子どもたちから学ぶことができたことに感謝しつつ、新たな、乳児保育、幼児のプロジェクト教育の展開として「スマートプロジェクトメソッド」とネーミングし、0歳からの教育として、ひとつの基準となれば幸いです。

中関幼稚園・きんこう保育園・きんこう第二保育園
理事長　島田教明

もくじ

ごあいさつ●島田教明・・・・・・・・・・・・・・・・・ 2

序章●島田教明・・・・・・・・・・・・・・・・・・・ 10

進化したプロジェクト・・・・・・・・・・・・・・・・ 16

概説●辻井　正
   1．子どもの自立と自尊感情を育てる幼児教育・・・・・・・ 20
   2．テーマ型プロジェクト幼児教育法という学び方・・・・・ 28

第1章　一斉保育から見えてきた子どもの課題

  幼稚園・保育園ができる子育て支援・・・・・・・・・・・ 40
  保育室の子どもの課題
    ―保育の現場で感じる子どもたちの問題点―・・・・・・ 44
  家庭での育ちのしんどさ●島田律子・・・・・・・・・・・ 46

第2章　保護者が最も安心できる保育への取りくみ

  子どもの動線と保育者の連携を中心にした乳児期の世話の仕方・ 54
  スタッフの役割と配置・・・・・・・・・・・・・・・・・ 59

第3章　きんこう保育園の担当制保育

  ＜0歳児保育の取りくみ＞
    0歳児保育室のデザイン・・・・・・・・・・・・・・ 64
    0歳児　一日の流れ・・・・・・・・・・・・・・・・ 65
    0歳児　トイレの手順、ランチ・おやつの手順・・・・ 77
    0歳児の環境構成・・・・・・・・・・・・・・・・・ 80
  ＜1歳児の取りくみ＞
    1歳児保育室のデザイン・・・・・・・・・・・・・・ 87
    1歳児　一日の流れ・・・・・・・・・・・・・・・・ 88
    1歳児　トイレの手順、ランチ・おやつの手順・・・・ 97
    1歳児の環境構成・・・・・・・・・・・・・・・・・ 101
  ＜2歳児の取りくみ＞
    2歳児保育室のデザイン・・・・・・・・・・・・・・ 107

2歳児　一日の流れ・・・・・・・・・・・・・・・・ **108**
　　2歳児　トイレの手順、ランチ・おやつの手順・・・・・ **117**
　　2歳児の環境構成・・・・・・・・・・・・・・・・・ **120**

第4章　スマートプロジェクトメソッド

小学校入学までに身につけておきたいこと・・・・・・・ **126**
プロジェクト型幼児教育を模索して・・・・・・・・・・ **130**
プロジェクト型幼児教育で保護者も変わる・・・・・・・ **134**
教育プログラムの概要＜中関幼稚園の例＞
　　プロジェクトの年間教育プログラム・・・・・・・・ **136**
　　学年別年間保育計画表・・・・・・・・・・・・・・ **138**
　　月別計画表／指導計画の策定順序と概要・・・・・・ **140**
　　マニフェスト／プロジェクトの学びのサイクル・・・ **141**
　　年間教育プログラム　月別実施概要・・・・・・・・ **142**

第5章　スパイラルに学ぶ　スマートプロジェクトメソッド実践例

「水」のプロジェクト―3年間のスパイラルについて―・・・ **188**
中関幼稚園の「水」のプロジェクト例
　　年少3歳児のプロジェクト・・・・・・・・・・・・ **189**
　　年中4歳児のプロジェクト・・・・・・・・・・・・ **197**
　　年長5歳児のプロジェクト・・・・・・・・・・・・ **204**
中関幼稚園でのお遊戯会の取りくみ・・・・・・・・・・ **211**
　　年長5歳児のプロジェクト　創作劇・・・・・・・・ **212**
　　年中4歳児のプロジェクト　ファッションショー・・ **215**
　　年少3歳児／2歳児のプロジェクト　人形劇・・・・ **218**
2歳児のプロジェクト教育
　　中関幼稚園・・・・・・・・・・・・・・・・・・・ **222**
　　きんこう第二保育園・・・・・・・・・・・・・・・ **227**

ピラミッドメソッド Q&A・・・・・・・・・・・・・・ **234**

あとがき●島田一道・・・・・・・・・・・・・・・・ **238**

序章

島田教明

　かつて「水と安全はただである。この国はいい国だ。」と言われた時代がありました。オイルショックやバブルといわれた経済状況を経て、本当の豊かさを求めるようになったはずなのに、今、我々は本当の豊かさを味わえているだろうか、疑問に思います。ましてや、子どもたちの世界はどうなのでしょう。疑問を持つたびに、社会環境と照らし合わせ、整理をし、自分たちが今を生きる子どもたちに何を伝えようとしているのか、何を伝えるべきなのか再確認する必要がありました。再確認しながら、子どもたちにとってベストな環境、教育ができるようにと、私の経営するきんこう保育園や中関幼稚園では、変革を進めてきました。

　単に、シュプレヒコールのように「変革」と叫んでも、教育、とりわけ幼児の教育に明確で具体的な方向性を見いだすのは、実際には相当困難を要したのです。

　この国は、幼稚園、保育園において「確たる教育メソッド」を持ち得ずに今日まで来たという実態があります。たしかに、幼稚園教育要領、保育所保育指針は時代とともに変わってきました。その方向性としては理解できます。けれども、画一的、一律、一斉的な幼児教育・保育のスタイルから脱却することができず、自分たちが経験してきたことがすべて正しいかのように思いこんでいる教育観・保育感があり、知らず知らずのうちに大人の論理が優先していることも否めない事実なのです。

　それは、教師、教諭、保育士、保護者にとっても同じことなのです。自分が歩いてきた道がすべてであると思い込むのではなく、その道からよりよき道を見いだそうとする、変革への情熱があるかどうかがポイントです。

　園児数の増減に一喜一憂する姿が圧倒的に多いのも日本の幼児教育界をとりまく現実ですが、根本的な見直しをせずにこの国の子どもたちの未来は見えてこないのも現実です。後者を重視し改革に取り組んできた私どもは、いばらの道を歩まねばならなかったというのも事実です。その結果、はっきり見えたのは、グループの中において個を育む具体的で「確たる教育メソッド」が、この国にはなかったということです。

具体的教育メソッドへの歩み

　情緒障害児短期治療施設職員として、不登校、自閉的な子どもたちと寝食をともにした経験を持つ私にとって、いわゆる「落ちこぼれ」とい

われた子どもたちまで含めて、どうグループの中で個を育むことができるかというのが、自身の長年の大きな課題でした。施設で、一人ひとりの子どもに接すると、みんな「いい子」なのです。個性があり、思いがあり、悩みがあり、それをうまく表現できずに、伝えられずに、人に理解してもらう術が、少し下手な子どもたちというだけでした。では、どこが違うのでしょうか？　それは、幼い時に、「自分らしさを表現できる土壌（環境）があったかどうか」ということではないかと今でも思います。

　個を育むときに大切なのは、自分らしさを表現できるようにすることです。しかし、幼児教育に携わるようになった当初から、ずっとどこかで不自然さを感じていました。何かがおかしい、変えなくては、このままではいけないと、直感的に違和感を覚えながらも、しばらくは理論的にも具体的な方法でも、変化へのかじ取りの方向性が明確にならず、手をつけることができませんでした。

「環境」を変える

　その転機になったのが、「環境」というキーワード。理論の柱は「テーマ保育」といわれるプロジェクト型保育でした。

　「環境」というキーワードについては、北欧を中心に乳幼児の保育スタイルを幾度となく学ぶにつれ、その重要性と子どもたちへの影響の大きさに気づいていました。「比較文化論だよ。」と、私を北欧に誘ってくださった先生はよく言われたのですが、確かに比べて見ることで理解できることは非常に多く、目からウロコとはよく言ったものだと感じました。

　北欧で学んだことで、園舎、クラスルーム、玄関、廊下、園庭、アプローチ、色づかい、ランチのあり方、そして教育・保育のスタイルなどの変革の仕方が見えてきたのです。

〈クラスルームは自分のお部屋のように〉

　まずは、クラスルームを「自分の部屋」のようにデコレーションしてくれるよう職員に依頼しました。「家具・調度類の高さは、子ども目線で、その他はあなたのお部屋のイメージで、カーテンや、じゅうたん、ソファー、本棚などを置いてほしい。」と伝えました。これは、職員にもわかりやすかったのだと思います。すぐさま、具体的に動き、部屋を

美しく仕上げてくれました。

〈コーナーをつくる〉
　次は、子どもたちの発達や機能に合わせてコーナーを造るということでした。お着替えをするスペース。遊び（積み木、ゲーム、絵画、造形、知能教材など）のスペース。お話を聞いたり、自分で表現したりするスペースづくりをし、新たな方向性を持った保育を目指していきました。

　そのような取りくみの結果、カーテンは、色鮮やかなものを選び、お部屋の入口には四季を感じられるものを置くスペースができ、何よりも保育室のイメージが素敵なお部屋のイメージへと一新したのでした。コーナーに分けられたスペースでは、小グループによる遊びの展開も始まっていきました。お部屋の「環境」を整えただけで、子どもたちの変容は顕著に現れました。
　「落着き」が見えはじめたのです。

〈運動場をお庭に〉
　次のトライは運動場でした。運動場をお庭にしようという試みです。伝統的に、日本の幼稚園保育園は運動場を持っています。あたかもミニ小学校のように。一年に一度か二度しか使用しない運動会のために、殺風景なグランド（運動場）があるのです。おかしいと思いました。何か不自然さを感じました。よく見ていると、子どもたちの遊びの大半は運動場の真ん中よりも、隅っこです。自分の幼児期の記憶をたどっても、大人の目線から少し隠れるような場所を好むのです。
　楽しそうにお話をしながら砂遊び。おもちゃの取り合いになりつつ葛藤を学ぶ。自分より年下の子どもに、自分の遊びを提供しようとする心優しい姿。思いっきり走りながら、木々の間を上手に潜り抜けていく躍動感。
　子どもたちの外遊びを観察すればするほど、運動場の真ん中で「ままごと」をして遊ぶ子どもはいないのです。

〈個が自立する〉
　園庭においても個が自立しようとしている姿を見ることができまし

た。個が自立していくために、そこをしっかりフォローするお庭がほしくなったのは、至極当然のなりゆきだったのです。

　20年前、幼稚園に運動場が必要だという従来のヘンテコな論理を打ち破ることを導いてもらったのですが、それ以来、園を緑の園に変えていくという、一朝一夕にはできないことと向き合うこととなりました。運動場から園庭へ。これ一つとっても大きな変革です。さらに、木々やお花、遊具の持つ意味や配置について考えていくと、自ずと園庭にも一つのスタイルが見えてきました。手間暇はかかりますが、これもわかりやすい変革への道でした。

　春の新緑、夏の木陰、秋の色づき、冬の落ち葉、四季刻々と変化する自然とともに子どもたちが生活せずして、本来の幼児教育、保育は成り立たないのだと子どもたちが教えてくれたのです。

　園と森が一緒にある、むしろ森の中に園がある、素敵な色合いのカーテンや花々で飾ってある保育室、ランチの時にはテーブルクロスをかけ、お花が活けてある。そんな風景、環境にまず日本の子どもたちを置くことが大事だと考えた結果、雑多なお庭かもしれませんが、遊ぶ姿を見事に取り込んでくれる、成長を育んでくれるお庭のある園にすることができました。

自立のための教育〜選択・決定・責任・自立〜

　子どもが園で「生活」すること、その生活する土壌を改良するかのように環境を見直し、その土壌に種をまくように、教育のプログラムを考えました。子どもの発達に合わせ、生活につながるもの、より身近なものから遠くのものへと考えを進め、わかりやすいテーマを設定。より生活に近いもの、より自分の身体に近いものから遠いものへと設定していく。一人ひとりの子どもの発達に合わせ、その距離感を意識しつつ幼児の教育を展開していったのです。

　さらに「具体的教育メソッド」へのトライが続きました。次は、「遊びの中での学び」についてです。ここでは、しっかりとした教育メソッドが必要でした。それを学び進める過程で、それと同じほど保護者へのプレゼンテーション、理解が大事なポイントとなりました。

　私たちが、目指したのは「自立のための教育」です。

　子どもたちが生活する中で、選択することができ、自己決定をし、それを自己責任として受け止めるような「環境」を整えることで、「自立」

へと向かうメソッドが必要とされる時代となったのです。
　このような取りくみの結果、子ども、職員、保護者、地域一体となった子育てへの関心や変化が見られるようになりました。

〈自立した個と個が影響しあう社会〉
　具体的な教育メソッドは毎年確実に積み上げがあり、新たな切り口が見えてきました。子どもたちに伝える基礎的部分は変わらないが、化学変化します。だから、新鮮なのです。
　職員にもわかりやすいので、自信を持って取りくむことができます。保護者とのかかわりもメソッドの中に取り込むことで、保護者の教育への思いが強くなります。実際に子どもたちとともに育ち合おうとする姿が見えてきたことが本当にうれしく思いました。
　保護者にも「わかりやすく、伝えられるもの」にしていくこと。大きな意味での子育て支援になるのですが、「教育」という文言は保護者にとっては大きなウエイトを持ちます。「保育」に含有する意味あいに「教育」もあるのですが、「教育」は、何か不思議なマジックのように一般的には響くのもかもしれません。
　子どもたちのみならず、人はだれしも、多様な選択肢の中で生きています。それを、実感するかしないかは人それぞれですが、多様な選択肢の中から「選択」していく力を、乳幼児の時から備えさせていくことは、私たち保育、教育にかかわるものの使命なのではないでしょうか。
　目指すところは、自立した個と個が影響しあう社会なのです。

スマートプロジェクトメソッド
　「はじめに」の書き出しで、実際に自分のまちで起きた水災害について書きました。環境を変え、しっかりとした理論に基づいたメソッドに沿った教育プログラムを立て、実践してきたことで、改革は一段落ついたかに思えました。しかし、その災害が起きたことで、実際のプロジェクトが変化しました。変化せざるを得なかったのです。
　変化できることが理論としてできあがったメソッド、進化できるメソッド、それが、本書でいう、「スマートプロジェクトメソッド」です。このスマートプロジェクトメソッドをより理解していただくために、その実例と経緯を次の項目でご紹介します。それを見た上で、その骨格となるプロジェクトメソッドが、どのような理論に裏づけされ、どのよう

に計画され、どのように実施されているか、また、0歳〜2歳児の保育では、どのように進化し、どのような手法で「個」を育てる保育がなされているかを、1章以降で詳しくご紹介したいと思います。

進化したプロジェクト

　2009年7月、この年も雨量の多い6月を終えて、7月のプロジェクトに取りくんでいました。年長5歳児はすでに2年のスパイラルで「水」のプロジェクトを経験しており、自分たちの住んでいる地域から世界へと視野を広げていけるよう、また、そのような意識を持てるようにする取りくみをしていました。園の近くにある海に出かけたり、地域の方と散歩をしたりしながら、山から流れてきた水が川を経て海につながっていることを実際に見たり、水の中の生物を探したり、複雑な形の貝殻を拾ったりと、自然とのふれあいを存分に楽しんでいました。

　保育室に地球儀を置き、海につながっていることにふれていき、さらに世界へと目を向けていく活動を予定していた。そんな時、私たちの住んでいる市内を集中豪雨が襲い、土砂崩れや床下浸水などの被害をもたらしたのです。子どもたちにとっては、とても身近に起こった、初めて経験する、水のもたらした自然災害でした。

　「うちの前の溝から、水があふれだしていたよ。」「歩いているとき、カッパを着ていても、服や頭がびしょ濡れになっちゃったよ。」と豪雨の強さや恐ろしさをくちぐちに話してくれました。

　この水害を体験した後、私たちは、『水』は人間が生活していくために欠かせないものだけれども、同時に、災害をもたらす恐ろしい一面も持っていることを幼少期から学んでおく必要があり、防災知識にふれることは、子どもたちの「生きるための教育」に欠かせないものだと考えるようになりました。そして、そのためにはどのようにしていったらいいのだろうかとも考えました。

写真1：災害当事の様子

写真2：災害時の町の様子
　　　（1、2ともに国土交通省ホームページより）

進化したプロジェクト

　そこで、私たちはすぐにプロジェクトの内容を見直して、当初予定していた活動を変更し、自分たちが体験した豪雨災害について子どもたちと考えていくことにしました。まず、災害時の写真（写真1、2参照）を子どもたちに見せると、そのときのことを思い出し、「ニュースで見たよ！」「道が泥で埋まっちゃったんだよ！」と、真剣な眼差しで写真を見て、次々と言葉が出てきました（写真3、4参照）。

　写真を見て話し合った後、「どうしてこんなふうになっちゃうんだろう。」と保育者は問いかけ、箱庭を使って洪水を再現してみせてみました。ニュースでも連日報道されていたので、箱庭が水でいっぱいになるのを見て、子どもたちからは「お山の木も家も全部流されたんだよ。」と災害の猛威に驚いたことを一生懸命に伝えようとする声も出ました。

　また、雨がたくさん降るとどうなるかも一緒に見ていきました。川の水が溢れ、家の中に水が浸水していくのを見て（写真5、6参照）、実際に自分たちの住んでいるすごく近い場所で起こった災害であったこともあり、大雨の恐さ、自然災害の恐れを体感したと思います。「大雨って怖いね。」と自然災害に恐怖心を持ったようでした。

　次のステップとして、洪水がお話の中で出てくる『すごいぞ　かえるくん』という絵本を読みました（写真7参照）。

　かえるくんたちの住んでいる地域に大雨が降り、洪水が起きます。まずは高いところにある友だちの家へと避難したかえるくんたちは、そこで生活をしていくのですが、やがて食べ物は底をついてしまいます。そこで、危険をかえりみず、助けを求めに行こうとする、かえるくんのお

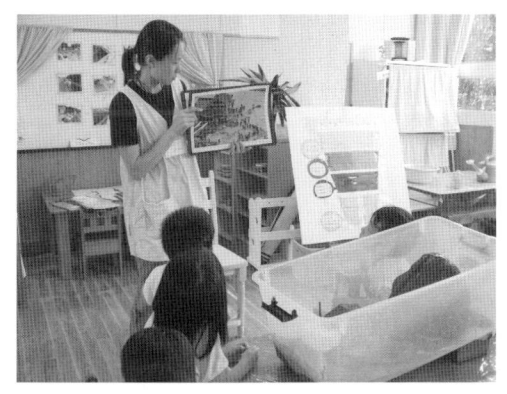

写真3：災害当事の写真を見てどんな様子かを話しているところ

写真4：「山がくずれたよ。」「水がみんな押し流してししまったよ。」などと、家で話したことや、テレビやラジオを見聞きしたことを話す子どもたち

話です。
　絵本を読んだあとで、「なぜかえるくんは外へ行ったのかな？」と子どもたちに問うと、「食べ物が食べられないと、死んでしまうから。」「友だちみんなを助けるため。」などと声があがりました。
　次に、「かえるくんが助けてくれる人を探しに行ったことは、よかったのかな？」と問うと、「食べ物がないから、探しに行かなきゃみんなが死んじゃうよ！」「でも、かえるくんも溺れそうになっていたよ。」とかえるくんの行動には賛成派、反対派と意見が分かれていました。
　自分がかえるくんだったらどうするかという問いかけも同様に意見が分かれました。

　自然災害が起こったときに自分がどうすればよいか、子どもにその判断は難しいと思います。しかし、体験し、知識として知っているのとそうでないのとでは、確実に避難の仕方が変わってくると思います。私たちの園では、毎月1回さまざまなシチュエーションを想定して、避難訓練を行っています。今回の取りくみを経たことで、子どもたちの訓練に取り組む姿勢により真剣さが増し、訓練の必要性をしっかり理解した上で臨めるようになったと思います。
　東日本大震災以来、震災関連のニュースが連日報道され、子どもたちも目にしてきました。私たちが子どもたちへ意識づけをすることはとても大切で、意識づけにより、子どもたちの自己判断力がよりしっかりと

写真5：水の流れを見ることができる箱庭に、山、川、家、舟などの模型を作り、じょうろから出る水を雨と見立てて再現

写真6：箱庭に水がたまる様子を見て、「家の半分の高さまで雨がたまったよ。」「屋根の上に逃げないと、溺れてしまうよ。」などと、次々に口にする子どもたち

育っていくと思います。また、実際の水害を経て行った活動や、災害の報道をともに見て、子どもたちと考えることで、私たち自身も、人を思いやったり、助け合ったりする大切さについても考えさせられました。

　生活を豊かにする『水』、世界につながる雄大な『水』、自然の猛威によって被害をもたらす『水』。その中で私たちは生きています。子どもたちにさまざまな方面から知識を伝えていくことが、水とともに生きていく私たちには必要不可欠になってきているのではないでしょうか。

洪水について子どもたちと考えるのに役立つ絵本

　ある日、かえるくんの住んでいるところに雨が降ってきました。かえるくんは雨が大好きなので最初は喜んでいましたが、雨は降り続き、5日目には川の水があふれ、家の中まで入ってきました。このままではおぼれてしまうと、かえるくんは少し高いところに住んでいる友だちのところへ避難します。しかし、それでも雨は止まず、友だちの家の食べ物もなくなってきました。そこで、かえるくんは友だちのために助けを呼びにでかけていきます。

写真7：『すごいぞ　かえるくん』
セーラー出版
マックス・ベルジュイス　文と絵
清水奈緒子　訳

概説 1　子どもの自立と自尊感情を育てる幼児教育

自律・自尊感情は学力と強く結びついています

　就学前教育の子どもたちの問題が改めて問題となっています。典型的な話題はマスコミ用語でいう「小１プロブレム」です。現場教師から、「１年生がすっかりと変わった」という声が聞かれはじめてから10年。「学級崩壊」のように５、６年生が引き起こす教師への反発といった、思春期前期の問題とは異なり、「小１プロブレム」は、乳幼児期からの接触や遊びの関係が不十分なまま小学生になったために、集団を作ることができないことが要因の一つだといわれています。また、「９歳の壁」と教育業界で言われる問題もあります。速読計算や暗記には強く、10本の指で数えることはすばやいが10本を超える計算になるとできないとか、３年生ぐらいからのちょっと複雑な計算や文章題がわからない、問題ができないというよりもわからないからやらないという意欲の問題を意味しています。数や文章の意味という概念形成ができていない幼児期に、数字だけを取り出す計算や、漢字の意味を理解することなく、すばやく読める能力だけを伸ばす方に走る一部の幼児教育のあり方も問題です。このようなやり方で学んだ子どもの中には、○○塾の天才と呼ばれる高度な能力を身につけた子どももいるそうですが、一時期に能力が特出しても持続的な力にならないということは多くの研究で証明されています。世にもてはやされる幼児期の天才は、基礎技術を飛び越えて一部の形だけに習熟した職人のようなものだからです。

　集団適応能力や学習意欲の問題は、保育者や教師の教え方だけに原因があるのではありません。子どもの自己抑制能力や自尊感情の未熟さの問題点も指摘されています。

　アメリカのヴィゴツキー（注：ロシアの心理学者）研究家、E・ボドロバとJ・レオング（コロラド州ヴィゴツキー研究所）は、教師が子どもにわかりやすいようなカリキュラムを組んでも、それを容易に受け入れようとしない子どもが多いという事実を指摘しています。子どもたちは教師の指示に従うことができないだけでなく、教師の言ったことさえ覚えていないのです。指示に従うことのできない子どもは、クラスの他の子どもと仲良くすることもできないのです。

　子どもの社会性への適応問題と自己制御や自尊感情の関係はよく知られています。幼児期にこのような感情を育てられなかった子どもは、大きくなるにつれて他者攻撃性が強くなるだけでなく、関係を壊し、他者を困らせるような行動をとることが日常化します。また、他者と協力したり争いをうまく処理したりすることができないため、仲間と協力しあって学習するようなことが苦手で、将来の学習能力にも影響を与えると言われています。(Hamre & Pianta, 2001; Ravner & Knitzer, 2002)。

　教育学者ダンカン（Duncan et al., 2007）は、自律や自尊感情は初歩的な算数や国語の能力以上に、小学校段階での影響が強いと言います。しかも、これらの感情は５～６歳の乳幼児期からの生育との関連が強いと指摘しています。学習と自律や自尊感情の関連性は、多くの学者が述べているように、集中力や注意力を求められるような学習能力に表れます。自己規制機能が不十分で、自分の感情を抑えることができない子どもは、集中力や注意力を求められるような学習能力が低いというのです。自律や自尊感情のような心の動きと、学習機能を支配している神経系の機能が共通しているからだという脳生理学者の説もあります。情緒的に安定している子どもは、その後の学習能力も安定しているのです。

辻井　正

　アメリカの幼児教育の全国的な会合での発表によると、入学前の46％の子どもが、自律や自尊の基本となる、自己抑制能力に欠けるそうです。また、別の会合での報告では隣の子どもをけったり、脅したりするような社会的な感情を抑えることができない40％の子どもが、1日に1回は攻撃的な行動をし、中には1日6回以上も同じようなことをする子どもがいたそうです。別のクラスでは10分間の間に32回も攻撃的な行動や言葉づかいが見られたと報告されています。

　このような乱暴で攻撃的な子どもの行動は、決して生まれつきによるものではなく、幼児期に保育者によってどのように教えられるかによって、このような感情が高まったり、減退したりするということがわかってきました。質的に優れたカリキュラムで運営される保育園では、子どもの自律や自尊力が高まることがわかってきましたが、その反対が存在することも真実です。（Arnold, McWilliams, & Arnold, 1998の言葉によれば「保育者が子どもの社会的感情を上手に育てなければ、彼らが無秩序な行動をする種を永遠に残す」と言います。

「小1の壁」に泣かないために

　親しくしている小学校の教師は、近ごろ低学年の子どもを教えることが、ますます難しくなってきたと言います。彼は教師歴30数年のベテランで、教え方も上手、保護者の評判もいいことから、勤務校ではいつも低学年を任されていました。6年生は元気でしっかりした担任、保護者からの苦情が一番多くまだまだ幼稚な1年生の指導には最も優秀な先生が担任、それ故に3、4年生は経験浅い先生が担任になるというのが学校の常識です。しかし、昨今は、3年生の指導が難しくなってきたと彼は言います。

　入学してくる新1年生の大半は、読み書き計算ができるだけでなく、結構、英会話も自慢の子どもがいるそうです。入学説明書では「特別に文字や計算は教えないで大丈夫ですよ」と言われていますが、現実との違いに保護者は敏感です。しかし、クラスの中には文字や計算に無頓着で、遊ぶことに夢中で過ごしてきた子どももいれば、家庭的な事情で親から教えられるチャンスのなかった子ども、発達的な障害のある子どももいるために、学校は子どもたちの教科書的な知識（記号）が白紙だという前提で授業を始めます。すでに幼児期から塾通いしてきた子どもは、新学期の授業はわかって当然なため、授業に対して意欲がわかないだけでなく、他の子どもの授業を邪魔してしまうのも頭痛の種だそうです。

　このような子どもたちが入学するまでに通っていたお教室は、プリント練習と高速計算、文字や漢字の繰り返し練習が指導時間のほとんどを占めるようなところだそうです。彼が授業中ショックを受けたのは、1年生から簡単な文章を取りいれた問題が出てくるのですが、高速計算で慣らされてきた子どもは、文章を終わりまで読む前に、数字だけを読み取って計算することです。しかもすばやい計算能力で、ときには、「できた！」と答案用紙を投げる子どもがいるので、お教室を経営している知り合いにこの話をすると、お教室ではあたりまえの光景で、できあがったら即、携帯を手にしている子どもも多いそうです。計算だけでなく漢字も同じような傾向で、3年生後半で出てくる漢字の一つに信用・信頼があるそうですが、この漢字を1年生で読める子どもがいるのです。スラスラ音読、フラッシュカードと呼ばれる方法で、難しい漢字や熟語、世界

の国旗などをチラリと見せて、次々とカードをめくって一斉音読をさせて記憶力を鍛えるのです。信用・信頼なんて彼らにはやさしい漢字です。しかし、漢字は読めればいいというものではなく、漢字の作られてきた歴史的背景と、使用する人の生活感覚とともにあるのだと、彼は怒りを込めていうのです。確かに、1年生が親に向かって"オレ信用ない"といえばこっけいです。

「9歳の壁」につまずく

　彼は「9歳の壁」という言葉を教えてくれました。教師仲間ではよく知られた言葉で、1、2年生の間は、数字だけを読み取り、漢字をスラスラ音読しても成績はクラス上位、しかし3年生になると計算能力が低下し、勉強への意欲をなくす子どもが少なからずいる。私が「9歳の壁」という言葉の意味を知ったのは、私立大学で講師をしているときに、授業の話に早期教育を取り上げ、学生たちと討論したときです。彼らのほとんどが早くから塾に通い、スラスラ音読の訓練を受けていました。一人の女子大生が「私は3歳から算数の高速計算で有名な塾に通い成績も優秀だった」と言いはじめました。小学校に入って3年生ごろまではクラスのトップで、先生が黒板に計算問題を書くと同時に、その答えが自動的に出てきたそうです。ところが彼女が悩み始めたのは「なぜ、そのような答えになるのかがわからなかった」ことからでした。そのために、次第に勉強意欲をなくし、その後中学に行くまで不登校になってしまったそうです。

　3年生になると、文章を読むことよりも、そこで問われていることをイメージする力が必要な文章題がでてきます。数字も10本の指では計算できない小数点や分数もです。幼児や低学年児童の考え方の特質は、あるものはあるまま、見たものは見たままという言葉に象徴されるように、現実的な思考法が強く、起こった出来事と出来事に関連性を持たせることができないのです。このようなものの考え方をする時期に、1から10までの数字に補数を加えた計算を、繰り返させるような学び方が身につけば、数字を記号として読み取る能力だけがきわ立ち、文章からイメージを得る能力が乏しくなります。

　塾で学んだ子どもの有利さは速さです。すばやく計算する、余計なことをしないで答えを出すことです。例えば、繰り上げで10の単位を上げるときに、学校では「1」を計算式の横にメモ的に書くことを教えますが、塾ではメモをさせないで頭に記憶しなさいと教えます。その方が速く答えを出せるからです。すばやく答えを出す力を養い、全体の知識から（教科）から、一部の教科（数学、理科、国語など）だけ長い時間かけて鍛えるやり方は、現在の受験制度に適しています。一流大学受験塾のプロ教師が、授業の中で気づいたことをこのように言っています。「先生の話を聞き取れない。黒板に書いたものだけを覚える。単語だけの会話で、コミュニケーションが成立しない。漢字や熟語の意味はワープロを変換したような答え。デコメールをなら直感でわかる。講義中にここに書かれているこの部分が間違っていると先生が説明すると、学生たちは「先生がこの部分がまちがっている」と言ったことしか頭に入れず、どこがまちがっているのかには関心を示さない。」とビックリするようなことを書いておられます。

繰り上げ、繰り下げがわからない

　低学年担任教師が、教えることの困難さを痛感するのが、やはり繰り上げ繰り下げ計算だといいます。10本の指では充分に計算ができるのですが、10本の指を超える数になるとできなくなります。家庭では足の指を使っていますが、いずれ足の指だけでは足らなくなります。15＋7は5と7を足すと12。10の位を一つ上げて22。これが繰り上げでこの逆が繰り下げです。実際は、繰り上げ、繰り下げ計算を理解できないままに、暗算でやる子どもが大半のようです。中学生の3人に1人はこの計算がわかっていないと言われています。「数字を分けたり、貸したり借りたりすると、その数字の中身までが変化する」という幼児のものの考え方が、このような計算を難しくさせています。例えば、バナナ3本を向かい合わせて机の上に置きます。そして子どもたちの目の前で片方のバナナを小さく切ります。どちらが多いかとたずねると、細かく切られた断片を目にすると断片のかたまりの方が多いと答えます。3年生の大半は同じだと答えますが、2個の粘土だんごを並べて同じ重さということを計りで確認させた後、一方のだんごを平たくせんべい状にすると、せんべいの方が増えたと答える子どもが3年生で70％だという報告もあります。水や粘土など、同じ量であれば容器を変えても、形を変えても中身は変化しないという「保存」という考え方が理解できないのです。

　前出の小学校教諭の友人は、いつまで経っても繰り上げ、繰り下げができない子どもが多い理由は、やはり数の教え方に問題がある。高速計算や暗算能力は効率を競わせる能力であって、考える力を養う発想はないと言いきりました。彼が私に図を書いて教えてくれたのは、子どもたちが早くから身につけている計算能力は算術、いわゆるソロバンです。2＋3＝5の計算は日常生活に必要な算術であって、答えを出した子どもに、5という数の中に1という単位がいくつあるかとたずねると"ひとつ"と答えます。お教室で算数ができる5歳児の大半も一つです。年長児が一つと理解しても問題はないのですが、友人の教師が教えてくれた高速計算で鍛えられた子どもは、数を集合体（かたまり）であることが理解できないままに、計算能力だけを高めていくのです。5は5羽のニワトリ5台の車、5個の果物という5つの数の集合なのです。さらに5は5つのコップの数であると同時に、5番とか5個目のりんごと数えるための数字（記号）であり、5番街、5丁目という名前でもあるという理解が必要なのです。

　ものの考え方、いわゆる算数は2という記号は●●で、3という記号は●●●である。2つの黒丸を合わせると●●●●●になり、これを記号にすると5だと教えるのが算数だと言います。黒丸は目に見えるから子どもにわかりやすい。だから数字を暗記したり、連続暗唱したりすることを覚える前に、ビーズ玉や積み木を使って教えるのが大事なのです。

21世紀は Starting Strong（人生の始まりは力強く）

　「先進諸国の持続的な経済発展を支える一つの柱は幼児期の基礎教育にある」と、OECD（国際経済協力開発機構）は2001年と2006年に Starting Strong（人生の始まりは力強く）を提唱しています。この考え方に影響を受けた日本も60年ぶりの教育基本の改訂（2007年）に続いて、幼稚園の学校化（2010年）、保育園の幼児教育機関化（2011年）を打ち出しました。

これまで日本の子どもの学力、特に算数や理科の能力は世界的でもトップクラスといわれ続けてきたのですが、OECDが行った新しいタイプの学力テストPISA（Programme for International Student Assessment）では、これまで世界的レベルと考えられていた日本の子どもの学力評価が大きく下がりました。日本中のマスコミが大騒ぎをした当時の様子を筆者著PISAショックより再現します。

　「2004年12月7日、OECD（経済協力開発機構）によるPISA（生きる力と技能テスト）、通称国際学習到達度調査が発表されるやいなや、日本のマスコミの反応はすばやく、［学力低下の危機］と書きたてました。日本の子どもたちの読解力や理解力が、先進工業諸国の中で下位だったこと、学習の意欲調査でも、学ぶ意味がわかっていると応えた子どもが、OECD調査平均値75％〜78％を大幅に下げ、43％しかなかったと発表されたことを受けての報道でした。テスト数値よりも、学ぶ意味がわからないために学ぶ意欲が急激に減退していることが危惧されています。PISAという言葉はこれまではなじみの少ない言葉でしたが、将来の国家を担う子どもたちの実力低下に、教育界だけでなく、経済界からも不安な声が出ています。テスト結果に対していち早く反応したのが文部科学省関係者で、学校現場でのゆとりの時間のさらなる見直しと、総合的学習時間の"無駄"論的意見でした。このようなすばやい反応が起こった理由の一つに、2002年12月5発表されたPISA調査では日本の子どもの読解力が8位で、2位から8位まで差がわずかだったということで、日本の子どもたちの読解力は世界のトップレベルに並ぶとマスコミが書いたのに、たった3年で8位から12位に転落したという事実に、関係者は相当なショックを受けたということがあります。」

　このような結果や報道を見ると、あたかも子どもたちの学力が急激に下がったかのような誤解を受けるのですが、日本的教育の質的な低下は、それほど起こってはいないというのが私の考えです。経済的格差や家庭の機能不全からくる、低学力児童の増加という現実はあるにしても、世界的なレベルで見る限り、日本人の教育熱の高さや高学歴社会は、開発途上国からも熱いまなざしで見られていることは確かです。

　実際、2004年のショックからさまざまな対策が取られ、2006年では、再度12位だったものの、2009年には5位まで読解力の順位が上がりました。しかし、一方で、日本の子どもは、必要な情報を見つけ出して取り出すことは得意だが、それらの関係性を理解して解釈したり、自らの知識や経験と結び付けたりすることが苦手だという結果も出ています。教師による「教授方略と総合読解力平均点の関係の分析」では、日本は、ほとんどの質問項目でOECDの平均を下回っており、特に、「生徒が国語の課題を終えた後に、先生が生徒の課題について議論する」という指導項目のポイントが他の先進諸国よりもはるかに低いのです。また、日本の子どもたちの読書傾向を調べると、学校の学習や宿題、課題、研究報告のために本を借りる子どもは少なく、一つの課題について熟考し、自分で調べ、考え、他の生徒や先生と議論をする機会が少ないことがわかります。このような現状が、この結果を生み出しているのではないかと私は考えます。

グローバリゼーション時代が求めるもう一つの能力

　PISAで問われるのは、生きる力、「現在の社会を生きるのに必要な能力（リテラシー）」です。現代は、日々新聞やテレビのニュースで、円高や円安に一喜一憂するような社会です。世界中の多くの国、特に日本のように高度に発展した経済力のある国ほど、その国だけの生産力と消費力だけでは成り立たなくなっています。他国との関係抜きには一般庶民の生活すらできにくい社会、そのようなグローバル化社会となった今、世界で求められているのは、そのような社会で生き残るための能力なのです。そこでは、必要な情報は見つけ出すだけではなく、そこからどのようにその情報を活かしていくのか、問題があれば、どのように解決していくのかを、自分で分析し、考え、それをきちんとプレゼンできる力が必要とされます。今の教授方略と総合読解力平均点の関係の分析からわかるように、そのようなトレーニングを受けていない子どもたちが、まだまだ日本には多く、また、「個」を重視した指導の機会の不足が、現在のPISAの結果につながっているのではないかと私は思います。

　グローバリゼーション時代を生き抜くのに、日本が劣っている部分を象徴するエピソードがあります。新聞によると、将来、地球規模的な問題は水資源であり、世界的な人口増加を養えるだけの水資源は地球上から枯渇し、石油から水戦争へ変わったそうです。このような近未来の危機状況に対応するために、フランスは巨大な水メジャーを世界的規模で展開しているそうです。海水を淡水に変えて、しかも各家庭に配管する水道すらコンピュータ管理で、水資源は営利会社が独占する事業がすでに始まっているのです。将来の経済的な視点から、日本も世界的な水資源開発に乗り出し始めたと新聞は報じていました。水資源の高度な技術を持つ会社が集まって、政府指導（上水道は厚労省、河川等は国土交通省という縦割り行政）の元で、国家として水資源に乗り出す大きなビジネス企画が発足したそうです。ところが、海水を淡水に浄化する技術（高精密なフィルター）の70％は日本製という事実があるにもかかわらず、いざ中東や中国、インドなど、水を求めている国々に、日本の技術のすばらしさを宣伝し、ビジネスの働きかけをしても、効果はいまいちなのだとか。その最大の理由は、技術は世界レベルでも、「日本の水技術導入によって、その国々がどのような利益を得、安定社会として存続していけるのかといった説明や企画力、アイデアはフランスの企業に劣るから」だそうです。水資源を最も必要としている国家に、その国に望ましい企画、その国が欲しがっているアイデアを提供する能力、語学力の問題ではなく、プレゼンテーション（説明力）力の問題だというのです。

　受身で知識を手に入れる、みなと同じことを同じように繰り返し身につける、受験に適した特化された知識だけを詰め込む……このようなことに、幼児期から何十年間も費やす勉強方法では通用しなくなったということです。後日談で、日本も国を挙げて水資源に乗り出すという話を聞いたフランスの会社は「日本はすぐれた技術力があるから、今後とも部品を提供する納品業者であって欲しい、世界の企画はフランスに任せてくれ」といったそうです。悲しい話です。明治以来、1世紀に渡って質の高い教育を平等に与えてきた学習方法が、グローバリゼーション時代の元でほころびはじめています。

　世界最大の経済力を誇るアメリカでも、その社会のひずみがマスコミで報道されています。ア

アメリカの学習困難児（低所得家庭児、発達障がい児等）に対する教育的支援や改革は、1965年にヘッドスタート（Head Start）プログラムとして始まり、宇宙開発予算に次ぐ巨大な投資が行われてきました。世界のトップ頭脳が集まるといわれているハーバード大学の対極に、巨大な低学力層がある国、アメリカのヘッドスタートプログラムでも今幼児教育に力が注がれています。筆者がロサンゼルス郊外の小さな保育園を訪問したとき、幼児クラスの保育室のデザインに目を見張りました。マルチインテリジェンス（多重知能理論）ルームと呼ばれる部屋が設置され、数台のパソコン、小さな図書館のような情報コーナー、おもちゃの棚には子どもの知的な意欲を注ぐ多様な教材、ワールドオリエンテーションとラベルのある棚には世界各国の地図や風習・生活・言語の情報が集められていました。知識は受け身で身につけるのではなくて、自ら積極的に開拓するアメリカの伝統的な教育法ですが、保育室の多様な情報と興味を与える工夫はグローバリゼーション社会を意識していることは確かです。

将来を担う日本の子どもたちのために

　では、今後、日本の子どもたちはどのように、グローバリゼーション社会で通用する能力を育てていけばいいのでしょうか。

　一つのヒントはオランダの教育の方法にあります。オランダは1960年代頃までは、日本に劣らないぐらいかたくなな集団一斉型教育で、子どもたちは先生の教えることを一方的に受身で学んでいました。当時は、多数の移民労働者の受け入れに伴う、オランダ病といわれる経済的沈下と政治闘争のまっただなかで国は苦しみました。労働可能な若者人口の20％が社会保障費で生活しはじめただけでなく、労働意欲もなくしていったのです。

　そのような状況の中で、現場の教師たちによる現場からの教育改革が政府も動かしました。「先生と呼ばないで名前を呼ぶ」「小さなグループに分けられたテーブルを囲んで座る」「異なる年齢の子どもたちを同じテーブルで学ばせる」と同時に、「勉強している教科も違う。算数の勉強をしている子の前では社会の地図を広げている、お隣の子は国語をしている」という新しい形の教育方法でした。黒板の前に立ち、「先生は話す人、あなた方は黙って聞く人」というスタンスから、先生は「絶えず教室の中を歩き、一人ひとりの子どもを指導する人」に変わったのです。もちろん、自分でやれる子どもの前では、余計な手助けをしないで「よくやっている」という眼差しを送るだけです。自分で興味あるものを見つけ、自分で答えを模索する能力を鍛えているのです。

　教育的な効果はたやすく目に見えるのではありませんが、このような教育的な土壌で育ってきたオランダ人は、非常に開放的で、いつもリラックスしています。私が所属しているCito（旧王立教育機構）の会議でも、例え相手が博士号や大学教授職であっても、数分もすると互いにファーストネームで呼び合うようになります。よほど正規の堅苦しい会議でない限り、自由にコーヒーを飲みながら進行します。Citoの職員は高度な教育を身につけた人たちですが、彼らの職歴は転々としています。Cito開発の教育法、ピラミッドメソッドを国際的に発展させる部門のトップも、イギリスで株取引の売買人だったし、現在の担当者も長年おもちゃビジネスのセール

スをされていた方でした。4回職歴を変わってきた友人に「日本では一つの仕事や会社で定年まで働くのが一般的だが、君はなぜ、職業を転々とするのか」とたずねたときに、まじめな顔つきで筆者に向かって、「一回限りの人生を、なぜ、同じ職業で終えるのか」と質問されました。ジョーク的なやり取りですが、彼らは幼児期からオートノミー（自律）と呼ばれる、自己選択と自己解決力を鍛えられて育ちます。安定した心が育まれ、問題にぶつかっても、落ち着いて自力で乗り越えていく力をつけていくので、自分の人生を自分で選び取り、目標に向かって人生を謳歌できる力があるのです。

　このような環境の中で育ったオランダの子どもたちは、世界の幸福度を調べた調査で、「世界一幸せな子どもたち」に選ばれました。自律と自尊の心がしっかりと育まれる教育環境、家庭環境に、満足し、幸せだと感じている子どもたちが、もっとも多かったからです。日本には高い教育を育める土壌があります。そこに、オランダで育まれているような自律と自尊、しっかりとしたコミュニケーション力をつけていけたら、社会のグローバル化がより加速したとしても、強く生き残っていける力を日本人は育んでいけるのではないでしょうか。

概説2　テーマ型プロジェクト幼児教育法という学び方

レジオ・エミリアの保育活動

　世界絵本展覧会で有名なイタリアのボローニアから列車で40分の距離に「レジオ保育園」があります。毎年、世界中から数万人の訪問客が訪れる保育園です。イタリア北部の小さな町レジオ・エミリアの公立保育園がなぜこれほど有名になったのかというと、保育環境の美的感覚のすばらしさともさることながら、子どもたちが制作する絵画や粘土彫像が世界中の美術館で鑑賞されるような作品となっているからです。筆者がアメリカの幼児教育者グループと一緒に研修を受けたとき、マサッセチューセッツ州の短大教授ダンテ先生が、来年はうちの大学でレジオチルドレンの展覧会をするのだが、コンテナ2杯分の作品が来ると喜んでいました。

　保育園の建物はごく普通の素朴な園舎ですが、保育空間への配慮が心憎いほど考えられ、子どもたちがそれらの環境から見事に、遊び、創作し、想像力を働かせ、そして学習のチャンスを手にする機会を作りだしています。

　ここでは、プロジェクトまたはドキュメンテーションと呼ばれる保育方法で保育活動が進められています。子どもが体験していること、すでに知っていることから始め、保育室の外に出かけて、子どもが見たり聞いたりする体験活動を重視して行っていきます。その体験を再び保育室に持ちかえり、小さなグループに分かれた協同学習が始まります。例えば雨が降ると、子どもたちは、色とりどりの雨合羽や傘を手に、保育室から飛び出していきます。雨にぬれる子ども、傘に落ちてくる雨しずくの音をきく子どもたちは、雨の中に飛び出すことで、雨が地面から下水に下っていく様子を観察できるのです。保育室に戻ってきた子どもたちは、雨遊びで経験して感じたことを画用紙に描くのですが、外に出て雨にぬれながら遊んだ子どもたちの描く雨の絵は、まさに画用紙一面に薄い霧がかかったようなリアルな絵になります。それらの絵を、保育者たちがていねいに額に入れて保育室に飾るのです。

　日本では美的な感覚は二義的に考えられています。まずは子どもを同じ空間に座らせ、同じようなことをさせる。管理的な発想の保育や教育活動が中心です。しかし、ちょっと気になる子どもや多様な生活体験を持つ子ども、発達段階の異なる子どもを受け入れている昨今だからこそ、保育環境への関心度をもっと高める必要があるのではないでしょうか。

オランダの「数」の教え方

　オランダの幼稚園で見た数の教え方に私は興味を持ちました。日本では3歳になれば数字を連続して暗誦できる子どもは多いのですが、子どもは数字を読んでいるだけで、数という概念（順序、かたまり）は理解していません。

　実は、3歳までの子どもの数の概念は、1、2、3そしてあとは全部、4歳、5歳は1、2、3、4、5そしてあとはたくさんなのです。

　プロジェクトという教え方は、そのような子どもの発達段階を踏んで教えていくやり方です。

(1) 比べるという意味を教える。
　・スプーン、フォーク、コップ、フライパンなどの身近な道具で、形や大きさの違いに気づか

辻井　正

せる。
(2) 実際に比べて見本を見せる。
 ・色で比べる、形で比べる、大きさで比べる
 ・小さな箱やお皿を用意して、大きさの違い、色の違いに分けて入れるが、慣れるにつれて3種類の違いを用意して分けさせるようにしていく。3種類用意することで、「～より」という比較の言葉、さらに、一番小さい、一番大きいという比較ができる。
(3) 特徴の違いで分ける。　＊3歳すぎでないと理解は難しい
 ・箱の中に、例えば、スプーン、フォーク、コップなどを入れ、大きなものだけ、同じ色のものだけというように共通点を決めて集める。共通点に気づかせる。
(4) つながりのあるもので分ける。　＊4歳過ぎ、5歳にならないと理解が困難
 ・具体的な形をしたおもちゃ、例えば、動物、車、車庫、食べ物など、身近な小道具としてシャンプー、タオル、洗面具などを用意し、互いに関連するもの、例えば、自動車と道路、車庫のつながりを教える。ただし、機能的なつながりで理解させる。

　このように道筋に沿って教えるやり方を、プロジェクトメソッドと言います。日本においても文部科学省の後押しで、大学における新しい学問領域として研究が進んでいます。プロジェクト的思考方法とは、ある一つのアイデアを実現するために、企画から行動の開始、そして内容の展開（説明）から現実化に至るまでのプロセス（過程）をやりこなしていく能力です。即決型の答えを求める能力や暗記・記憶を中心とした、これまで日本の子どもがお得意とした学び方とは異なり、目の前の問題から一つの答えを出すではありません。その問題と関連するいろいろな現象と比較し、多様な可能性を求めさせるのです。そして、なぜ、そのような答えが出てきたのかを説明（プレゼンテーション）できる能力を育てていきます。

従来型の教育	21世紀型の教育
・落ち着かない子どもがでやすい	・安心している。不安感を感じていない　幸せ感を感じている
・ものを暗記する	・プロセスから学ぶ
・答えは一つ	・多様の可能性を求めさせる
・スキルを身につける（読み書き計算）	・概念に興味を持たせる
・スキルを身につける（読み書き計算）	・学習への意欲を自然に持つようにする
・考える過程よりも答えの正しさを優先させる	・世界への関心を広げ、たくさん考え、自分で答えを出す
・子どもは受け身の反応	・発見・発言の機会が与えられ、子どもが自身の力で学びを深める

"一つの道筋に沿って答えを導き出し、なぜ、そのような答えが出てきたのかを説明（プレゼンテーション）できる能力が、21世紀の子どもたちに求められている"
とは、オランダの保育園の玄関先に掲げられていた保護者向けメッセージです。
どちらの教え方を選びますか？

保育者の自問自答の声

「どうして、こんなに騒がしいの？　どこで遊び、どこに何があるのかわからないから？」
「どうしてけんかが多いの？　人とのかかわり方の経験が少ないから？」
「どうして、こんなに声が大きいの？　まわりの子どもの声が大きいので、自分も大声を出さないといけないと思っているから？」
「どうして自分の遊びが見つけられないの？　保育者指導で遊んでいたいから？」

　子どもが自分で遊んでくれる願いは保育者共通の想いです。ですが、伝統的に先生のマネをする、先生の言うとおりにするといった、一斉型の伝達方式が長年行われてきた日本では、子どもたちは素直に先生の指示を聞くことはできますが、自分で遊びを作り出すことは苦手です。「素直に先生の指示に従うと」書きましたが、ちょっと気になる子どもが増加する保育室や小1プロブレムで悩む教室では、子どもたちが同じ指示に従い、同じことをすることも難しくなってきました。

　遊びは、子どもが選んだ活動で、遊ぶこと自体が目的で、しばしば突然に変化し、楽しさ、リラックス、開放感が最優先されます。自発的な学びでは、子どもは目標を設定します。活動に集中し、納得できる結果を出したいので、遊びより活動時間が延びることもしばしばです。

　このように、子どもたちを促して自発的に学ばせるためには、保育者は子どもたちにとって見やすく豊かで秩序のある環境にする必要があります。挑戦しようという気持ちをかき立てることも必要です。その豊かな学びの環境を、特にコーナーや戸棚に反映させる必要があります。子どもたちの年齢が上がるにつれ、遊びよりも自発的な学びに重点を置くように配慮する必要も出てきます。

保育者と子どもの心理的愛着というカルク理論

　私がオランダのカルク博士を紹介されたのは、ちょうどミレニアム2000年度の2月でした。当時の彼はオランダ王立教育機構Citoの職員でした。増え続ける移民家族の子どもの社会適応力や学力低下に悩んでいた政府がCitoに新たな幼児教育法の開発を依頼し、カルク博士を中心に、ピラミッドメソッドプロジェクトが進められていました。彼らはこのピラミッドメソッドを、オランダだけでなく、オランダ以外の国々にも普及させたいと願い、日本での導入に私を選んでくれたのです。紹介してくれたのは、当時のモンテッソーリー教具を製造していたニーホイス社ルージェンダイク社長さんでした。私にとって、カルク理論の大きな魅力は保育室の中における「保育者と子どもの心理的愛着理論」でした。

　日本でも次第に働く女性が増え、家庭での母子関係の希薄さが取りざたされるようになりまし

概説2　テーマ型プロジェクト幼児教育法という学び方

たが、保育園においても子どもの家庭生活の不適応さからくる問題が取りざたされる昨今です。日本では、子どもが問題行動を起こしたときや、障害のような発達上の問題さえも、簡単に家庭での親の育て方、特に、母子関係や愛着の希薄さにあるとされがちで、子どもの不適応問題は、母親の世話の仕方（愛着）に問題があると暗にほのめかす傾向が強いです。オランダでは大半がデュアルインカム（2人の収入で家計を営む）で、婚姻形態も日本とは大きく異なり、未婚女性の子育て、同棲型の家庭、夫婦別称などが一般的な社会状況です。ですから、従来型の育て方責任論（母性愛）という考え方から、子どもがどのようにして人生の最初の愛着形成を行い、どのようにして社会の一員としての意識を築くのかが大きな関心ごととなっています。

　カルク理論の明快さは、保育者と子どもの関係を構造的に捉えていることです。「子どもの自主性」、「保育者の自主性」、「心理的に寄り添う」、「離れる」という考え方を取り入れたのです。これらの四つの足場が構築された保育室の中で子どもは育つと考えます。

　まず重要なのは「自主性」です。「自主性」は、「子どもの自主性（やる気）」と「保育者の自主性（働きかけ）」に分けられます。双方の自主性を活発にするために、一見正反対のように見える二つの基本概念、「心理的に寄り添うこと（nearness）」と「心理的に距離をおくこと（distance）」という考え方を使います。寄り添うことはアタッチメント（愛着）理論であり、距離をおくことはディスタンシング（距離をおくこと）理論です。

子どもの自主性（やる気）とは？

　子どもは、自分で世の中のことを理解し、課題を解決する方法を学ばなければいけません。そのためには、積極的な好奇心を持って、遊びや学びを継続する必要があります。このような力は社会環境の中での体験を通して身につくようです。特に、幼児期の子どもは、遊ぶことで自分を見つけ、他者を知るといわれています。遊びの中で他者と向かい合うことで、互いの協調も起こりますが、しばしば多くの摩擦を体験します。そこで、自分を理解し他者を学ぶのです。最近の学習理論で唱えられているように、子どもは保育者から教えられることを受身的に受け入れている限り、自主的な行動が起こらないということです。積極的に自分の体験から出発して、自分が好むもの、好奇心を抱く事柄に関心を向け、自分のために考えることが、自己コントロールや自尊感情につながると考えられています。自分で自分の意思や行動をコントロールするためには、保育室の中で、自主的な遊びや学びの時間が与えられる必要があります。

保育者の自主性（働きかけ）とは？

　保育室の中で子どもに遊びやすい環境を準備し、学びやすいプログラムを提供するために、保育者の援助は重要です。ロシアのヴィゴツキー派の学説によれば、子どもの学びというのは保育者からの支援を通して、保育者との相互作用から社会的な能力を身につけるといいます。子どもにとって何が必要かを保育者が理解して、適正なプログラムを提供すれば、子どもの能力は高まるという考えです。また、アメリカの教育心理学者ブルーナーは「足場」という考え方を提唱しています。この「足場」とは、家を建てるときの足場のことを意味し、「足場機能」をもった大

31

人の援助があれば、子どもは大人の支援なしには到達できないような高いレベルにも、到達できるということのたとえです。この観点での「足場」は、保育者によってデザインされた保育環境を提供すること、遊びを豊かにすること、また子どもが行う課題を秩序立てて明確にすることも意味します。子どもの好き放題の遊び方に任せるという意味ではなくて、子どもが積極的に自分のために学ぶ（自主性のある学び）ことを教えられ、学びを意識する（自分の行為に意味を見つける）ように教えられる必要があります。自分が遊んでいることを意識し、意味を見つけることはメタ認識とも呼ばれ、将来、子どもが想像や抽象の世界を理解するのに必要な能力です。そのため、保育者には、遊び方を教える、一緒に遊ぶ、見本と方向を示す、明確な指導を与える、質問する、問題状況を示す、課題を（事前に）系統立てて教える、というような力が求められています。

寄り添うこと（nearness）

　心理的に寄り添うこととは、子どもを保護する必要性のことです。具体的、身体的な寄り添いもあります。例えば乳児保育室で、数人の担任保育者が一緒に世話をする保育から一人ひとりを世話する担当制の保育に変えると、乳児は自分が世話してくれる担当者が動くと、その方向に視線を向けて保育者の動きをじっと見るようになります。心理的な寄り添いには、保育者が他の子どもに手を取られていても、子どもが安心感を得ていれば寄り添われていると感じる感情なのです。その子どもは、自分が必要とするときに保育者がそばにいてくれることを知っています。寄り添うこととは、もはや身体的なものではなく心理的なもので、このような感情から他者を信頼する気持ちが育っていくのです。

　心理的な寄り添いの概念は、アタッチメント（愛着）理論から導入されています。この理論は、母親と子どもの関係の研究から数多くの事実が発見されてきましたが、保育室における保育者と子どもの関係も同じだということがわかってきました。子どもの発する信号に対してタイミングよく答えることができるよう、保育者には感受性が求められます。保育室の中で、心理的に寄り添う関係を築くためには、保育者は次のような保育技術を身につける必要があります。

・保育者は安全な保育環境をデザインし、一定の情緒的支援と励ましを確保して、否定的な表現を控え、子どもとの心理的信頼関係を作る。
・保育者は子どもの自主性、自己流の行動の仕方など、子どもの自立に敬意を表する。
・保育者は保育室での子どもの行動に規則や制限を設け、秩序ある保育ができるようにする。
・保育者は子どもの発達に応じ、具体的に何をするのか説明を与える。

距離をおくこと（distance）

　心理的な距離とは、目の前にある物事以外に焦点を合わせられる抽象的な能力のことです。この焦点能力は具体的表現を行うこと、例えば、現実の物事（物、課題、考え）を表現する絵や記号や単語を使うことです。心理的距離の概念は、同的心理学が主張する、ディスタンシング理論から導入されています。この理論も、母親と子どもの関係の研究から数多くの事実が発見されて

います。例えば、目の前にある物事にだけ焦点を合わせた親の子どもは、ほどほどの発達を示していました。目の前にある物事以外の物事にひんぱんに焦点を合わせた親の子どもは、実にしっかりした発達を示していました。

遊びの支援とひとり遊びと仲間遊びの指導

　一斉保育型の指導では、保育者はクラスの子どもをすべて同じ発達であるという前提で、同じ内容を伝えようとします。しかし、一人ひとりの子どもとの関係を強める、小さなグループに分けられた保育のスタイルでは、保育者はじっと同じ場所に立っているのではなくて、絶えず保育室の中を歩いていることが大切です。保育者が支援しなくても子どもが自主的に遊ぶことは理想ですが、昨今の保育室ではそのような姿はめったに見かけません。むしろ保育者を頼って自分の行動や遊びを決める子どもの方が多いのです。支援が多くなれば保育者も疲れ果て、子どもの自立度も少なくなります。手のかかる子どもが多くなったのは事実ですが、それとは別に、子どもには、遊びを展開させ、目の前の事実から目の前にないことを想像して遊ぶ力が必要なのです。将来の学習に向かってこのような抽象的な理解力を身につけるには、保育者の助けが必要です。

　保育者の時間を子どもに均等に割りふって、すべての子どもが確実にレベルの高い発達をとげるようにするには、どうしたらいいのでしょうか。それは、支援のレベルを三つに区別することで可能になります。わずかな支援、普通の支援、そして支援の必要性が大きいレベルです。

　やる気があって選択ができる子どもは、豊かな学びの保育環境でその機会を手に入れます。そこでは、保育者の支援はわずかなレベルでいいのです。よく整った学びの保育環境でなら、自主的に遊び、学べる子どもには、保育者の支援は普通レベルです。多くの支援を必要とする発達障害児などの子どもでは、保育の手助けは必要性が高いレベルです。その子ども、または幾人かの子どもには集中的な支援が必要です。この支援では、子どもが積極的に遊び、学ぶことができるように、子どもに自信を与えて自立するよう励ますことに焦点を合わせます。

　伝統的な保育理論では、子どもがひとりで学ぶことと、仲間と一緒に学ぶことでは、子どもの獲得する能力に違いがあると言われています。ヴィゴツキー（ロシアの心理学者）によれば、他の子どもと一緒に遊び、学ぶことが、特別の位置を占めています。子どもが遊びと学びの保育環境のなかで、ひとりで遊んで学び、また他の子どもと一緒に遊んで学ぶような組織を保育者が作り出すことが必要です。

　ひとりで学ぶときは、その子どもが思い通りに選択を行います。一緒に遊ぶときは、他の子どもと一緒に遊び、しゃべり、作業します。ここで行われるのが協同学習で、そこでは子どもが課題を行なったり、問題を解いたりするために一緒になって作業します。保育者は子どもに作業を促すほかは見守ってあげればいいのです。

　さらに、保育者が直接かかわるグループ遊びと学びがあります。ここでは保育者とグループ全体との相互作用が行われ、この場合は子ども全員が参加しています。それは保育者と小グループの相互作用、または保育者と子ども一人ひとりとの相互作用でもあります。

　グループが小さくなるにつれて、そのグループ内のより多くの子どもがひとりで作業して、自分

で決定していかなければなりません。これは遊びと学びの保育環境に、前もってその準備ができていなければならないということです。もっとも、保育者がかかわっているグループが小さくなるにつれて、個々の子どもに対する注意は相互作用とともにそれだけ大きくなります。

子どもが自主的に遊ぶ工夫された保育室

　子どもが保育室で安心して自主的に遊ぶための条件は、「保育空間が安定している」「時間割ではなく、子どもの時間で流れている」「保育者との心理的愛着で結ばれている」ことです。

1. 安心して遊べる小さな空間も必要です

　フレーベル以来、保育の歴史を見ると、保育方法の変化だけでなく、保育室の移り変わりも歴然です。管理保育優先の考え方で保育が行われてきた13、14世紀頃は、一つの箱型の部屋に大人数の子どもを一緒に収容するスタイルでした。保育者指導の一斉保育や指示の伝達を中心にした保育形態では、すべて同じ形の部屋が管理には適していたようです。現在、日本の保育室の多くは、今なおこれと同じようなスタイルを持ち続けています。子どもを一斉に指導するやり方は、子どもを保育室の中に閉じ込め、緊張の連続を与えながら、保育者が中心になって保育を進めるやり方です。しかし、このようなスタイルの保育を継続していくことの難しさと問題点が、現場の保育者たちから指摘されはじめました。ヨーロッパやアメリカの保育園においても同じような歴史をたどってきました。一日の大半を保育園で過ごす子どもたちに、クラスの雰囲気や動きやすく気楽に遊べる保育室を、どのように設定すればよいのかが議論されるようになってきたのです。一年中同じ雰囲気で机と椅子が置かれているような保育室では、子どもの遊びだけでなく、心にも広がりが生まれません。けれども、それとは反対に、座る場所がいつも変化し、おもちゃの場所が毎日違うようでは、子どもは落ちついて遊ぶことができません。近年、オランダの保育者たちが取り組んできた保育室の工夫は、保育室が子どもの動きやすいように、いくつかの空間に分けるやり方です。子どもの遊びを小さなグループに分けるための空間なのですが、子どもは小さくかたまったり、囲いの中に入ったり、押し入れの奥に隠れる遊びを好むという習性が考慮された方法です。

2. 保育室をデザインする

　保育室をデザインするという意味は、壁面装飾（二次元デザイン）という意味ではなく、子どもが自主的に遊び、学びの意欲を刺激してあげる空間（三次元デザイン）をつくるということです。空間は適切に区切られなければなりません。子どもがコーナーや机で遊び、作業する空間が必要です。保育者はクラスルーム全体を見渡して監督できる必要があります。一方で、空間には囲まれた子どもにとって居心地のいい場所も必要です。そのためにはパーテーション（つい立）の利用や、ネットカーテンをコーナーや低いキャビネットの間にかけるなど、簡単に空間がつくれる方法があります。子どもは見られているという意識がうすれるのに、保育者はパーテーションを通して見ることができます。遊びにもっと広い空間が必要なら、ネットカーテンは簡単に脇

にやることもできます。クラスルーム内の通路（動線）は単純にして子どもが動きやすいように工夫します。遊びのコーナーで立てられる音には気をつけて、子どもが（静かに）本を読むことばのコーナーは、（騒がしい）積み木コーナーの隣にしない方がいいでしょう。どうしても他に場所を設定できないときは、床にマットを敷けば積み木コーナーの騒音は下げられます。

3. 家庭のような雰囲気にしてあげる

　クラスルームの発散する雰囲気は大切な要素です。クラスルームの飾りつけの色や素材を調和させて、すっきりと秩序だった居心地のよい環境にすることで、その環境が子どもだけでなく保育者にとっても、大切な場所であることを子どもに示せます。コーナーに各種の飾りをすることも同じ考えです。（ネット）カーテンや布リボン、あるいはコーナーの「屋根」、きれいなポスターや壁飾りを掛ければ、コーナーが家のリビングにいるようなくつろいだ雰囲気になります。子どもの手作りの製作品を展示することで、保育者は雰囲気をよくすることができると同時に、子どもの作品をいいものと思っていることを子どもにはっきりとわからせることができます。

　おもちゃや素材の収集と品質については、身体的にも心理的にも安心感を持って遊べるものを与えてあげるべきです。保育者がクラスルームのデザインに充分な注意を払えば、子どもは安心し、素材にもより敬意を示します。子どもには、静かに遊んで自分を表現できる場所がなければなりません。それが子どもの欲求と必要を満たしてくれる場所となるのです。

4. 習慣と規則を目で見てわかるようにする

　習慣や規則も、うまくデザインすればある程度は表わせます。保育室を見えやすくすることで、さまざまな習慣や規則がより具体的に、子どもたちにわかりやすくなります。保育活動の一日の大部分は習慣と規則で成り立っています。習慣は保育集団の流れを理解させることで、子どもに秩序と落ちつきを与え、これによって子どもは何が期待できるのかを知ります。規則も各グループで大切な役割を果たします。規則は安心を与えて問題行動を防止できます。しかし、年少の子どもは規則をそれほどきちんと覚えられるわけではありませんし、他の子どももあっという間に忘れてしまうことがよくあります。特に、障害児やちょっと気になる子どもが一緒にいる保育室では、パターン化して見える形にすることで、子どもを落ちつかせ、他の子ども集団の中に取り込んであげることもできます。

　　注：（生活プランカードを作って、一日の保育活動の流れを時間配列的に並べてあげることで、子どもは次に何をするのかを予測することができます。子どもが一番気づきやすい場所に飾ってあげます。）

5. 自分だけの場所を与えてあげる

　子どもはグループ内で、自分だけの場所を持つ必要があります。この決まった場所から安心感を得るのは、そのために「争う」必要がないからです。子どもに「自分の」椅子を与えて、ピクトグラム（絵文字）かステッカー（名前とグループの机の色を組み合わせるなど）を使用するとよいでしょう。年少クラスの子どもには、椅子にピクトグラム（または写真）があれば充分で

す。名前を入れないでおくと、他の子どもが同じ椅子を使えて便利です。これは複数のグループが同じクラスルームを使用するときは特に大切です。

年長クラス児には、グループの色をした物を机の上につるすか、机に色つきの布を置いて、椅子の後ろに同色カードの名前ステッカーを貼り付けます。この同色によるコード化は、遊びと制作の板の名札に応用できます。机（と椅子）ごとに課題を出すこともできます。たとえば、同色グループの子どもをサークルの遊び場や室外に行かせたり、子どもに選ばせたりもできるでしょう。また、保育者は机に子どもがいなければわかりますし、他の子どもは遊び仲間がいないからと不安になることもありません。

家から持ってきた身の回り品や、家に持って帰る素材（クラスの掲示品や展示品でなければ）を置いておく、専用の場所を子どもに決めてあげるとよいでしょう。素材を紛失することもなく、ここでも保育者は子どもに安心感と落ち着きを与えます。子どもの身の回り品の保管には、引き出し付きのチェストを使用するのもひとつの方法です。子ども一人ひとりの引き出しにピクトグラムや写真と名前を付けたり、コートラックのフックの上にピクトグラムを付けます。グループの子どもと保育者全員の写真を入れた（出席）ボードがあれば、グループにいることの「マーク」になります。保育者がグループにいる子どもの写真だけを掛けて、いない子どもの写真を外すか裏返せば、その日はだれがいてだれがいないのか皆に分かります。子どももグループのなかで「自分だけの場所」を持っているという気持ちになります。

6. 秩序立てられたコーナー設定

クラスルームですべてのものが設定された論理的な場所にあれば、子どもは素材をどこで見つけてどこに戻すべきか論理的にわかります。デザインに最大限の秩序をもたせるには、クラスルームで設定された要素から始める必要があります。空間はうまく区切らなければなりません。コーナーが混雑しすぎたり不適切な場所にあったりすると、混乱して機能を果たしません。子どもはゆったりとした空間の中で戸棚やコーナーに行き、楽に遊ぶことができなければなりません。

たとえば、創造力コーナーの素材を保管した戸棚は、画架のある水コーナーのカウンター付近に配置します。こうすれば、コーナー机から隣の戸棚までの「通路」が最短になって「途中」で問題が発生する恐れを限定的なものにできます。

7. 自分で選ぶチャンスを与える

子どもが遊びたいと思うような方法でクラスルームに素材を展示すれば、子どもの自分で選ぶという行為が向上します。遊びと制作のとき、選択の可能性は毎日同じわけではありません。選択の可能性の変化は、常に子どもに新しい刺激を与えます。年少クラスの子どもにどの選択ができるのかをはっきりさせるには、保育者が使いたくないコーナーの前にリボンを下げるかつい立でふさいで、文字通りコーナーを「閉じて」しまうのが最もよいでしょう。年少クラスの子どもが多いグループでは、この方法だと混乱することがあるかもしれません。空間を使わないという概念がまだ難しいからです。その場合は、入れ替えコーナー（常時使用するものの内容が変わる

限定された数のコーナー）を使用すれば解決できます。この方法はクラスルームが狭いときに役立ちます。

　年少クラスの子どもには、使える素材を前もって机の上に置くことで選択の可能性を示します。年中・年長クラスの子どもは、遊びと制作の板を使用します。遊びと制作のときに行う活動を遊びと制作の板に表示します。子どもは自分で選ぶ（あるいは行う課題を見る）ことができます。ボードはよく見える場所でサークルから届くところに掛けなければなりません。子どもが自分で活動の下に名札をおく必要があるからです。言葉での情報伝達に依存しないので、コミュニケーションの苦手な子どもでも、自分が本当に遊びたいものを選びやすくなります。

サークルタイム

　保育室での適正な子どもの人数は、30人なのか、それとも、25人ぐらいがいいのか、また、保育者の配置基準もしばしば議論になりますが、もう一つ、保育の形態についても、同年齢クラスか、異年齢クラスかが話にのぼります。保育のやり方や形態は、それぞれの保育園の自主性に任されていますが、私の主観として言えば、保育に熱心に取り組む保育者の多くは、異年齢クラスを理想としているように思います。昨今、日本の子どもの急激な生活状況の変化と、切迫した少子化現象を考えると、混合保育というのでしょうか、異年齢の子どもが一つのクラスの中で過ごすことは意味があると思います（もちろん、年長児も赤ちゃんも同じ部屋にいるということは、安全配慮から言っても避けなければいけないのは当然ですが）。また、多様な発達（ちょっと気になる子ども）や生活状況の異なる子どもが増え始めている現在、同じ年齢、よく似た能力の集団の中で、同質集団を念頭においた保育活動をするのは限界があります。子どもといえども、現在の子どもに身に付いている行動は極めて個別的で、共に行動する、自ら協力するのは苦手になっています。「みんな」という意識が希薄になってきているのです。

　しかし、その実現化には、いろいろ難しい問題もあるようです。私がこれまでかかわってきた保育園の大半はなんらかの異年齢集団の保育を試みておられますが、保育園側の意図を十分に汲み取れなかった保護者から「子どもを見ていない、ずさんな保育だ」などという批判を受けることもあるそうです。異年齢クラスでの保育の難しさは、保育者が子どもたちの動きや遊びに追いつけないことと、一人ひとりの発達課題を把握できるだけの充分な研修を受けるチャンスが少ないことに尽きますが、異年齢保育はこれからの時代的な流れから言って、避けることのできない保育の姿だと思います。

　私がこれまでアドバイスしてきたやり方は、異年齢の動きを一日の中心にはするが、子どもたちに自分たちのクラス意識を高めるためにも、「ホームベース（基地としての保育室）」を設定するというものです。一日の保育の始まりと終わりには、同年齢クラスが担任の保育者を囲んで集まる時間です。「サークルタイム」と呼んでいますが、朝の集まりでは、今日は何をしたいのかを聞いてあげ、お帰りの時間には、今日はどんなおもしろいことをやったかに耳を傾けてあげます。保育者に話を聞いてもらう、うなずいてもらう、感心してもらうことで、子どもは保育者に信頼感を持つことができるようになります。

参考文献

『新・絶対学力―視考力で子供は伸びる』糸山泰造著　文春ネスコ　2004 年
『オランダの教育―多様性が一人ひとりの子供を育てる』リヒテルズ直子著　平凡社　2004 年

"Tools of the mind: strategies for scaffolding make believe play" written by Debora J. Leong
"Developing self-regulation in make believe play ―New insight from the vygotskian perspective―" written by Elena Bodrova and Deborah J. Leong

（2008 年オランダアーネム国際幼児教育大会発表資料より）

"Teaching in 21st century" written by Jef van Kuyk　　辻井 正 訳
"Theory scheme pyramid" written by Jef van Kuyk　　辻井 正 訳

（2011 年　堺市保育アカデミ講習会資料より）

"Dynamic systems theory and early childhood education" written by Paul van Geert
"Holistic or sequential approach to curriculum: what works best for young children?" wrttien by Jef van Kuyk
(The Quality of Early Childhood Education; Report of a Scientific Conference, Cito, 2006)

『ピラミッドメソッド　保育カリキュラム全集　ピラミッドブック基礎編 01』
Dr. Jef J. van Kuyk 他 著　辻井　正 監修　子どもと育ち総合研究所　2005 年

『ベストキンダーガーデン―フレーベル、モンテッソーリ、シュタイナー、レジオ・エミリア、ニキーチン、ピラミッドメソッドの幼児教育の現場に学ぶ』　辻井　正 著　オクターブ 2006

第 1 章

一斉保育から見えてきた子どもの課題

幼稚園・保育園ができる子育て支援

今、幼稚園・保育園の子育て支援がなぜ必要か

　子どもを取り巻く社会情勢が目まぐるしく変わる中、地方でも都会並みに核家族化が進み、共働き（お母さんが外に働きに出る）家庭がどんどん増えてきています。その仕事も、10年前は非常勤勤務が多く、16時過ぎのお迎えが多くを占めていましたが、現在では、フルタイムで働く方が増えてきました。保育園では、以前は少数だった3歳未満児、特に1歳までの乳児からの入園が増加してきました。そして、一日のうちの9時間から11時間を保育園で過ごす子どもの割合も増えてきています。一方、幼稚園でも保育時間内にお母さんも仕事につかれている家庭が増え、延長保育の利用も増えてきました。それに加え、多くの保護者の方にとって、「学び」が大きな関心ごとになってきて、教育の現場に対する要求も多様化してきています。

　子どもが健やかに育ち、豊かな人間性を身につけ「自立」していくには、特に乳幼児期の環境・育ちが大きくかかわってくると考えられています。そのためには、子どもたち一人ひとりに、家庭のような温もりのある保育、質の高い保育をすることはもちろんですが、乳幼児期に一番大きな影響を与える保護者（親子）を支援していくことも、とても大切になってきていると思います。今、幼稚園・保育園では、多種多様な支援を求められています。子育て相談や子育ての情報提供。保護者同士の話し合いの場の提供・保護者のサークル活動の支援、未就園児親子に対しての園庭や部屋の開放。一時預かりや地域との連携などです。その中でも特に「保育者だからできる保護者（親）支援」について考えてみました。

毎日子どもを見ているからこそ

　保育者は、毎日1日5時間から8時間以上子どもを見ているため、保育者としての専門知識だけでなく、日々のかかわりの中で見えてくる子どもの様子や育ちを、保護者にていねいに伝えることができます。保護者の方と、毎日の送迎時に顔を合わせて話をしたり、日々の連絡ノートでさまざまな情報の伝達をしたり、個々に対する相談が行われています。そのやり取りの中で、親子のちょっとした変化に気づくこともできます。子どもの状態と保護者の悩みを理解し、一緒に考え、寄り添い、安心して子育てができるように手助けをするのも、毎日接している保育者だからこそできることだと思います。

家庭の保育力の低下とこれからの幼稚園・保育園の役割

　核家族化や地域での子育て力の低下により、保護者は、子育ての何をどうしたらよいかがわからない状態にひんぱんに陥っています。たとえば、子どもの抱き方・おむつ替え・食事の進め方など、子育ての本当に基本的な部分での相談も多く、驚くこともしばしばあります。「離乳食はいつから始めたらいいの？」「どう進めればいいの？」「トイレトレーニングはどんな方法でするの？」「うちの子まだ話さないけど大丈夫？」などの悩みを抱えている保護者がいるかと思えば、靴を履く、かばんを持つ、自分で食べる、衣服の着脱をするなど自分でできるようになっているのに、いつまでも手をかけている保護者の方もいます。そんな保護者の方に、0歳から6歳までの育ちについて、理解の手助けと的確なアドバイスができるのも保育者ならではないかと思います。

　とはいっても、1日中働いてお迎えに来る保護者の方々にあれやこれや言っても、保護者の方々もなかなか受け入れる余裕を持てるものでもありません。ですから、まずは、「子育ては大変だけど、それ以上に子どもが成長していくおもしろさや喜びがあること」に気づいてもらえるようにできれば、それも、支援の一つになると思います。

　子どもが初めて寝返りを打った、歩いた、それが、たとえ保育園が最初であったとしても、「そろそろ歩きそうですね。」と伝えることで、保護者の方に子どもの成長に気づく喜びを1番に味わっていただく。また、「今日、園では、こんなことをしたんですよ。」など、子どもがしたこと、発見したこと、驚いたこと、感動したことなどをお迎えの時にちょっとお話をしたり、連絡ノートで伝えることで「目には見えない子どもの育ち」を共感する。「明日はこんなことをする予定ですよ。」とお伝えすることで、明日の活動への期待感を親子で味わっていただく……。それぞれ、当たり前のように見えますが、ていねいな、そして、ちょっとした心配りで、保護者の方とのコミュニケーションを十分取っていけるのではないでしょうか。このようなコミュニケーションを通じて、お互いの信頼関係を積み重ねていくことで、家庭の子育て力を少しでも取り戻し、より良い親子関係を作る手助けができるのではないかと思います。

　私どものそれぞれの園で行っていることを、いくつか紹介してみましょう。

　2歳児以上では、月ごとに部屋の前にその月にする活動の予定を写真入りで掲示し、保護者の方に見ていただいています。子どもたちがこれ

からどんなことに取りくむのか知っていただくとともに、子どもと一緒に見通しや期待を持っていただくのです。活動についての親子の会話が、保育中にも聞こえてくるようです。活動は、必ず写真入りのお便りでお知らせしています。「幼稚園・保育園でどんなことをしているのかがよくわかる」と、とても好評です。また、いつもの保育とちょっと違った活動をした時には、クラスの入口に写真を掲示したり、玄関でテレビを利用したスライドを流したりして、園で子どもたちが生き生きと活動している姿を見ていただいています。仕事から帰って来られた保護者の方は、そこでちょっと足を止められ、仕事で疲れた厳しい表情をふわりと和らげています。子どもたちを迎えた後、その活動についての親子のやり取りが聞こえてきます。子どもだけではうまく伝えられない時には、保育者がちょっと手助けをします。それは、親子のすてきな時間にもなっていますし、保育者にとっても、保護者の方とのいい関係づくりのきっかけになっています。

 子どもにとってだけでなく、保護者の方にとっても、家庭のようなぬくもりのある幼稚園・保育園であることは大切です。「行ってきます。」「ただいま。」の言えるほっとできる空間。肩肘を張らずに子育ての相談ができる場所であることが要求されます。幼稚園・保育園には、様々な年齢の職員がいます。保育者以外にも、ランチ担当の職員、事務の職員、そして、スクールバスの運転や雑務をする職員。それぞれが、一人ひとりの子どもを大切に温かく見守ることで、保護者の方が子育てに孤独感を持たず、「自分の子育てを見守り、一緒に子育てに携わってくれる人がいる。」と安心して子育てができるのです。そうした関係の中で、親としての自覚や家庭の力をつけていっていただくことが、これからの幼稚園・保育園ならではの子育て支援・親子支援に必要とされることだと思います。

この他の支援として
 幼稚園・保育園では、園庭開放を行い、地域の未就園児親子に利用していただいています。また、子育て支援センターや子育てひろばでも、地域の子育中の親子のために、いろいろな活動を展開しています。
 小学校に隣接している幼稚園には、他園の卒園児も含めた学童保育をする「キッズルーム」を備えています。小学校の留守家庭学級は夕方遅くまで開いていないので、遅くまで働くお父さんお母さんにとって、安心

して小学生を預けられる場になっています。

保育室の子どもの課題
―保育の現場で感じる子どもたちの問題点―

　近年、他者とのコミュニケーションをうまく取ることができずに、少し体が触れただけで怒り出したり、友だちのちょっとした発言や行動が許せず、友だちに対して暴言を吐いたりと攻撃的な行為が目立つ子や、無気力な子が多くなってきたと言われています。保育室でも、みんなで活動している時に、自分に注目してほしくて騒ぐ子、また、ちょっとしたことでの「かみつき」や「ひっかき」といったことも目立つようになってきました。家庭での生活リズムの乱れからか、月曜日には朝からあくびや居眠りをする子どももいます。以前に比べると「疲れている子」が多くなったのも事実ではないでしょうか。親の都合で連れまわされ、その結果安定した行動ができなくなっている子も少なくありません。同世代の子どもたちとのかかわりが乏しく、自分を表現する仕方を知らない子もいます。そういった子どもたちを、一斉に同じ活動に向かせるのは、容易ではありません。なぜなら、そこには子ども自らの選択や決定が見られないからです。

〈A君の事例〉
　ある年のことです、他県から転入してきたA君（5歳児）は、大変活発で、人なつこい子どもでした。しかし、ちょっとしたことで腹を立てることが多く、気に食わない相手に対して悪ふざけをしたり、暴言を吐いたりして、友だちとのけんかが絶えませんでした。ある日のことです、A君が着替えをしているとき、床に置かれたA君の制服を、Bさんが通り過ぎる際に誤って踏んでしまいました。A君はBさんに腹を立て、怒りを表しました。Bさんが泣いて謝っても怒りが収まらず、そこへ担任が入って仲裁し「許してあげようよ。」と声を掛けました。担任が声を掛け続けたことで、やっと許すことができたのですが、納得するまでに大変時間がかかりました。また、A君は転園してきた当初、自分で遊ぶコーナーを選ぶときに、友だちの様子をうかがいながら、気になる子や仲良くしたいと思う子が選んでいるコーナーに行っていました。しかし、同じコーナーを選んだ友だちとの間でも、友だちの思いを聞きながら遊ぶことを嫌い、自分の考えた遊び方を友だちに強要しようとすることがあり、日々同じようなトラブルが続いていました。

〈B君の事例〉
　B君の家庭は、ごく一般的な家庭で、公務員をされているお父さん

と、専業主婦のお母さん、小学3年のお兄さんと5歳児のB君の4人家族です。家庭環境に特別問題はありませんが、とにかくよく疲れてきます。朝からだるそうにし、なんとか午前中の活動を終えても、ランチのころにはぐったりとして、食欲もないという日もあります。机に伏せて寝てしまうこともあり、少し睡眠をとると元気になり機嫌よく午後の活動に参加します。B君の場合は、公務員であるお父さんの帰りが遅く、お父さんの帰りを待つあまり、夜型の生活になっているようです。

かみつきやひっかきをしてしまう子、A君のように自分の気持ちの表現の仕方がわからない子、B君のように親の都合に振り回され疲れがちな子、こういった子がプロジェクト保育にふれた時、どのような変化があるのでしょうか。

ひとつは日々のサークルタイムです。サークルタイムで、友だちの思いや保育者の話を聞き、意見を述べたり共感したりすることを毎日繰り返すことで、他者への話し方を知ったり、やさしく教えてあげたりするコミュニケーション能力が育ってくるのだと思います。事例のA君の場合、次第に友だちの話にも耳を傾けるようになり、それと同時に、コーナー遊びでも、自分の意思で選択できるようになっていき、友だち同士の間で話し合いもできるようになっていきました。

また、プロジェクト保育の場合、遊びを自分で選択するので、自分のペースでできるという利点もあります。B君のように疲れがちな子どもでも、その子なりにゆったりと活動できます。一人ひとり環境の違った子どもがそれぞれのペースで活動できるから、子どもたちも心地よく過ごせるのだと思います。

A君、B君の例は、現代社会の中では特別な例ではないと思います。それぞれの子どもが、それぞれに異なった問題を抱えています。しかし、どのような状況であっても、子ども自身が自分で考えて選択をし、決定をしていくプロジェクト保育で、徐々に落ち着いて保育時間を過ごせるようになっていく子どもたちを見ていると、やはりプロジェクト保育の形態は、現代社会の子どもたちに合っていると感じます。

家庭での育ちのしんどさ

島田律子

支援センターで目にする子育ての難しさ

　ある若いママから電話がかかってきました。赤ちゃんを出産し、病院からうちに帰ってのできごとです。「ねえねえ、白湯（さゆ）ってどこに売っているの？　コンビニにもどこにも売ってないからミルクが作れない！！」という電話です。

　驚きました。病院を退院するまでには、沐浴（もくよく）やミルクの作り方などの練習を実際にさせてくれるはずなのに、どうしてだろう、と思いました。そして、よくよく考えて納得しました。病院では白湯を作ってある状態からミルクを作ったり、適温にしたりの練習はさせてくれますが、白湯から作るわけではないのです。「よく電話をしてくれたなぁ。赤ちゃんにミルクを飲ませてあげられてよかった。」と、ホッとしました。

　子育てサロンでも同じような質問がやっぱり実際にあるのです。先日赤ちゃんマッサージの講習会をサロンで行いました。その時に来られていたママからの質問でした。「湯ざましの作り方を教えていただけないでしょうか」

　そしてびっくりしたもう一つの質問、「うちの子のおしっこは水色じゃないんですけど、異常なんでしょうか？」

　スタッフがわからなくて聞き返してみると、テレビCMでは、コップの水をおむつに流すとおむつが青色に変わります。わかりやすく色をつけてあるのですが、それが本当の赤ちゃんのおしっこの色だと思われていたようでした。

　常識の範囲と思っていたことがこんなにも伝わっていないと、愕然（がくぜん）とするとともに、子どもたちの家庭での育ちの難しさを改めて実感しました。テレビや本やインターネットなど、情報網はいたるところにあるにもかかわらず、若いママたちは本当に些細（ささい）な（と思えるような）ことで真剣に悩んだり、心配したりしています。

　離乳食も大きな悩みの種になるようです。出汁（だし）の取り方を知らない人が多く、また食べさせる順番や量、混ぜてもいいのか、一品ずつ別々にするのかなど、聞きたいことはたくさんあるのです。

　体験保育や子育てサロンで、希望者には保育園の離乳食（初期・中期・後期・完了と分かれている）を体験してもらっていますが、『離乳食カフェ』なるものを開いて、味や量、食べさせ方、作り方、進め方など、ママたちの悩みを解消してあげられる場作りが必要になってきていると感じています。

遅寝・遅起の子どもたち

　保育園に来る子どもたちの現状です。朝7時開園ですが、たくさんの小さい子どもたちが7時過ぎから保育園にやってきます。仕事をしているママやパパは朝が忙しい。そして、子どもは起きてすぐにはご飯を食べてくれません。そこで、おむすびやパンを持っての登園です。ランチ用の椅子に座って朝ごはんを食べます。でも、持たせてくれるのはまだいい方だと思っています。食べないで来た子どもはエネルギーが出ないので、遊ぶことができません。じっと座っていたり、ボーっとして集中力がなかったり、友だちの朝ごはんを見て、泣き出す子どももいます。園で手作りしておやつに使っている〈かきもち〉があります。材料は米と塩ですから、ふんわり焼いておいて、子どもに少しずつあげます。正直なもので、おなかがいっぱいになると子どもは遊びはじめます。

　逆に、とても遅く来る子どもたちがいます。遅出の職員が揃う9時半くらいにはそれぞれのクラスでの保育を始めたいと思っても、来ていない子どもが何人かずついるのです。パパの帰宅が遅いので、テレビを見ながら待っている。小学生の兄弟とずっとゲームをしている。保育園から直接、外食にでかけるので帰りが遅くなる、と理由はさまざまですが、夜遅くまで起きている子どもがたくさんいます。テレビも長い時間見ている子どもが多く、コマーシャルや流行語、はやりの歌などが保育園での会話にも飛び交います。小さな赤ちゃんでも、結構テレビの前にいる時間が長いようです。ママが食事の準備をする間などは、テレビの前に置かれているのです。そんな訳で夜遅くまで起きている子どもたちは朝早く目が覚めません。子どもも大人の生活と同じサイクルになってしまっているのです。

　脳の発達のためにも、早寝・早起きをして欲しいと思うのですが、仕事をしながら子育てをしている若いママやパパも一生懸命なのがわかるので、難しいところです。

　昨年園で食育のアンケートをしました。「朝何時に起きますか？」では、6時台と7時台が一番多く、次に8時台でした。「夜何時に寝ますか？」では9時台と10時台がほとんどでした。幼い子どもたちが、大人並みに8時間くらいしか眠っていないという現状なのです。「毎日朝食を食べていますか？」には、園からのアンケートのせいでしょうか？9割が「毎日」1割が「ときどき」という結果でした。興味深かったのは、保護者のほうです。「食べない」と答えた人が結構たくさんいたこ

とです。ママやパパが食べないのに、子どもの分だけ用意して食べさせる余裕はないのかもしれません。

習慣の不規則

　食育アンケートでは、「食事のマナーで気になること」についても尋ねました。遊び食べ、箸の持ち方、姿勢、肘をつく、お皿を持たない…などが書かれていました。保育園では、3歳から年齢別で長さの違う六角箸を使っています。そのためか、お箸は握り箸の子どもが減り、持ち方が上手になってきているように思います。

　今気になっているのは、お皿を持って食べていて、何か取ろうとするときなどに、お箸を持った手でお皿も一緒に持ってしまうことです。「片方のおててで両方持つのは、おかしいね。お皿を置いてから、取ろうね。」とその度ごとに気づかせるようにしています。

　足の行儀のよくない子どももたくさんいます。足の行儀のよくない子どもは、おへそがテーブルを向いておらず、横を向いたりして食べていることが多いです。足置きがついたタイプの椅子を使っているのでブラブラしないはずなのですが、それでも椅子の横から足が出ていることがあります。楽しくお話しながら食べるのはいいことですが、必要以上に大きな声で話しながら食べたりすると、体がそちらに向いてしまうようなのです。

　また、サロンに来ている小さな子どもは、ママが追いかけながら食べさせていることがあります。椅子になかなか座ってくれず、ママは食べさせるのに一生懸命で、行儀よりもまず何とか食べてくれればと追いかけてしまいます。

　「好きなメニューは？」という問いには、カレーライス、焼きそば、汁物というあまり噛まなくてもいいものが圧倒的に多かったです。咀嚼の上手にできない子どもや、丸飲み状態の子どもが結構います。離乳食の時の「もぐもぐ、ごっくん」をきちんと覚えさせることの大切さを痛感しています。

　すぐ近くにいる友だちにとても大きな声で話すのは、食事のときだけではなく、遊びの中ででも見受けられます。テレビなどの影響かなと、感じることもあります。こんなときは、保育者が子どもの話し声よりも大きな声で静かにさせようとするのではなく、逆に小さな声で子どもに話すように心掛けています。

携帯電話がすごい勢いで普及し、携帯依存症という言葉も出ています。赤ちゃんを抱いていても、保育園に朝連れてきても、お迎えの時も、おっぱいを飲ませながらでも携帯で話したり、メールを打ったり…。10カ月ぐらいの赤ちゃんでさえ、携帯電話のおもちゃを見せると耳に当てて何かお話をします。ママがおっぱいを飲ませている時に携帯を触ると、赤ちゃんは一旦飲むのをやめるのです。電磁波の事も気になりますし、何より、礼儀（マナー）をきちんと子どもたちに伝えたいので、保育園では、園内での携帯電話使用禁止を保護者にお願いしました。親子で一緒にごあいさつをして、子どもの様子を伝えあいたいと理解を求めました。

育てられ方
　子どものしつけや生きていくすべが伝わりにくくなっていると感じています。親の都合が優先され、それに子どもを合わせさせてしまうのです。
　また、赤ちゃんにおしゃべりをしないママがいます。何をどのようにしゃべったらいいのかわからないからだと言います。ミルクを飲ませたり、おむつを替えたりはするのですが、だまってするのです。「おなかがすいたね。おっぱいのもうね。」や「おしっこいっぱいでてるね。きれいにしようね。ほら、きもちがいいね。」などと、上手にお話ができないのです。赤ちゃんに笑いかけることもしないママもいます。あやしても、反応しない、反応が少ない赤ちゃんは、抱っこのされ方も下手で、言葉が出るのも遅いような気がします。
　家庭の状況もさまざまだと思いますが、朝から大声で叱られて泣きながら登園してきたり、その腹いせに他の子どもに八つ当たりをしてみたり…。現代社会の、とても厳しいたくさんのひずみの中で育てられている子どもたちを見ていて、どのように子どもに接してあげるのがいいのか、どう解決してあげられるか、いろいろ考えていました。一斉保育ではもう限界でした。それぞれの子どもの抱える問題はさまざまです。育ちも発達も異なります。そんな子どもたち一人ひとりとかかわり、個々にあった方法はないか、模索していました。

担当制導入へ
　今までは、乳児も一斉保育でした。保育者（0歳児なら3人で1人、

1・2歳児なら6人で1人）が、全員同じ時に同じことをしていました。ランチは一斉に始まります。一人の保育者が3〜4人の赤ちゃんを並べて座らせ、順番に食べ物を口に入れて食べさせていました。食事が済めばお昼寝です。全員の布団を並べ、体をトントンしながら寝かせていました。

　家庭や社会の子育ての難しさを感じるにつけ、一斉保育ではなく、家庭から生活を持って登園してくる一人ひとりの子どもの生活に合ったやり方が必要だと痛感しました。それが担当制導入の始まりでした。

　まずは、子どもたちの睡眠・食事・登園時間などを調査し、グループ分けをして、担当保育者を決めました。

- ＊食事、排せつ、睡眠など、一番基本になる部分は、担当がお世話をする
- ＊1対1で対応するようにする
- ＊グループのほかの子どもを見ていてくれる保育者との流れを調整する
- ＊スタッフ（非常勤パート職員）も含め、同じ順序で同じやり方でお世話する
- ＊保護者への対応も、担当が行う

担当制導入に合わせて、園内での布おむつ使用を始めました。園に来たら紙おむつ（紙パンツ）から布おむつに交換します。お迎えのときはお家で使っている紙おむつに替えて帰ります。1時間に1度くらいおむつをチェックするので、トイレトレーニングがスムーズに進むようになり、おむつが外れるのがとても早くなりました。同じ人が同じやり方でおむつ交換をするので、一人ひとりのおしっこの間隔がわかり、おまるやトイレに座るタイミングがわかりやすいというのも理由のひとつです。

　離乳食も子どもの状況をよく理解して進めるので、細かい配慮ができるようになりました。初期・中期・後期・完了、それぞれの中間ということも始めました。ご飯だけ少しやわらかめ、おやつだけ一段階上げても大丈夫など、一人ひとりに合わせて、厨房の職員に伝えて協力してもらいました。

　初めは戸惑う子どももいましたが、子どもも必ず自分の順番が来ることを理解すると、待つことができるようになってきました。最近気づいたのですが、赤ちゃんでも今日だれが自分のお世話をしてくれるのかを

理解しているようなのです。担当保育者の代わりにスタッフが受け持つ日があります。そのスタッフが朝のおむつ替えをすると、いつもは担当保育者でないと泣いてしまうのに、ちゃんとその日の担当スタッフに抱っこをせがんでくるのです。グループ感もなんとなくあるようなのです。同じグループの子どもがランチに行きはじめると自分も呼んでもらえるとそわそわし始めるというのです。このように、一斉保育では絶対に見えなかったであろう新しい発見があったことも、担当制導入での収穫でした。

　０歳から担当制で育った子どもが昨年２歳児になりました。４月のある朝、サークルタイム（輪になって先生のお話を聞いたり、子どもがお話をしたりする時間）を終えた２歳児さんが、自分で椅子を持ってお部屋の外のランチコーナーに椅子を運んでいるのです。信じられませんでした。０・１歳児のお部屋は１階にあるので、初めて２階に上がり、担任も変わったにもかかわらず、４月当初から落ち着いているのです。一人ひとりときちんと向き合うことの大切さを改めて感じるとともに、担当制導入の成果を実感しました。

　この度、担当制で育った子ども（２歳児）に、プロジェクト型幼児教育をトピックとして取り入れてみました。食事・排せつなどで同じ順番・同じやり方で一人ひとりかかわって育った子どもたちは、次に何をするのか、先を見通す力があるように思われます。反応はとてもよく、２歳児からでも十分プロジェクトがやれると確信しています。

宮城県石巻からの子ども

　先日の東日本大震災は本当に悲惨で心痛むできごとでした。お母さんのご実家が保育園の近くだったことから、２歳の男の子と３歳の女の子が３月から保育園にやってきました。落ち着くまでおじいちゃんとおばあちゃんが引き取られたのです。

　最初は、３歳のお姉ちゃんが大変でした。突然１年に一度くらいしか会わない祖父母の家に、両親と切り離されて来たのですから無理もありません。よくわかった賢いお子さんでしたから、津波の話も自分からしてくれました。「お父さんと駐車場で待ち合わせしたんよ。車のすぐ後ろまで水が来たんよ」と。パジャマのまま保育園に来たり、おばあちゃんの車まで職員が迎えに行ったりすることもありましたが、そういうことをしながら、ゆっくりゆっくりと向かい合いました。すると、だんだ

んランチが食べられるようになり、お昼寝ができるようになり、友だちと笑顔で遊ぶようになってくれました。
　逆に弟は、最初は一見お利口さんで泣きませんでした。何もなかったかのように、保育園に来て遊んでいました。1か月くらいたったころ、急にわがままを言ったり、泣き出したりしはじめました。やっとその時、この保育園を受け入れてくれたんだなぁ、わがままが言えるようになったんだなぁと、ホッとしました。
　理事長や職員と話すうちに気がつきました。担当制やプロジェクト型幼児教育を取り入れていたからこそ、落ち着いて、この子たちともしっかりかかわりができたのではないだろうかと。そして、プロジェクトは幼児クラスの担当制であり、生活が違う、成長が違う、個性が違う子どもたち一人ひとり、どの子も受け入れられる教育法ではないだろうか、と思いました。
　家庭での子育てが難しくなっている今の社会情勢の中でこそ、一斉保育ではなく、一人ひとりと細かくかかわることのできる担当制保育スタイルや、自分で選択し、自己決定して遊ぶ中から自立を目指すことのできるプロジェクト型幼児教育が、保育者にとっても、何より子どもにとっても、とても理にかなっていると感じています。

第 2 章
保護者が最も安心できる保育への取りくみ

子どもの動線と保育者の連携を中心にした乳児期の世話の仕方

　「担当制」ということばを聞いたのが 2007 年 7 月の終わり。本格的にスタートしたのは 9 月でした。年度の前半をすでに従来の保育スタイルで生活してきた子どもたちに、教えていただいた通りにやってはみましたが、保育者が戸惑い、子どもたちも落ち着かず、本当に大変でした。

　担当制ということばを聞くまでの保育は、まさに一斉保育でした。みんなでオムツ交換をし、食事も、1 人 1 つずつ自分の顔写真が貼ってある椅子に座り、一緒に「いただきます」、戸外遊びも「さあ、みんなで行きましょう」と、バタバタしていました。特にランチの時間は、準備が整うまで子どもたちは待たなければなりません。全員分の準備は時間がかかるので、その間に眠くなり、ぐずりだしたり席について待っていられなかったりというようなことが起こってしまいます。午睡の時間も、全員が同じ時間に眠るので、一斉にトントンが始まり、まだ眠くない子どもはぐずりはじめます。全員一緒ということは、全ての動作において、子どもたちに「待つ」ということを要求せざるをえないのです。0 歳児が一日の生活の中で待つことが何度もあるのは、非常に辛いことです。待てるわけがありません。落ち着かない子どもには「待ちなさい」、ゆっくりとしている子どもには「早くしなさい」の連呼になってしまっていました。一日が嵐のように過ぎていくことがたびたびでした。その中で、「どうしたら、子どもたちが落ち着いて園生活を送ることができるのか」ということを模索していたのです。

　そんな時、ある保育園を見学させていただき、驚きました。子どもたちが、大変落ち着いて遊んでいたからです。そこでは、保育者と子どもは、基本的に 1 対 1 で生活していました。お腹が空いた子どもから食事に行き、保育者のひざの上で食事をします。排泄も決まった保育者が行っていました。排泄の場所、食事の場所、睡眠の場所、遊ぶ場所など、すべてきちんと空間づくりされていました。私たちも空間づくりをしていたはずだったのですが、一斉保育で、台無しになっていたのです。

　とりあえず、見様見まねでやってみることにしました。スタートするまでの 1 ヶ月は、子どものグループ分け、職員（常勤の保育者）の配置などについて話しあいました。子どもたち一人ひとりの生活リズム（家庭ですごす時間を視野に入れて）に沿ったグループ分けはどうすればよいのか。保護者にアンケートをお願いし、食事の時間、睡眠時間、入浴の時間、起床・就寝時間を調査しました。保育園での生活からだいたいのリズムを書き出し、一人ひとり、24 時間どのように生活しているか

を表にまとめてみました。そこから、グループ分けをしたのです。

　本来なら、生活リズムを考慮したグループ作りをすべきところなのですが、すでに半年がたっていたため、保育者に対する愛着関係もバラバラです。最初は、どの保育者に強く愛着関係を抱いているかということも、グループ分けにおいて参考にしなければなりませんでした。

　グループ編成において、もっとも重点を置いたのは食事の時間です。朝早く登園するため、朝ごはんを早く食べてくる子ども（もしくは、食べてこない子ども）、朝ごはんをきちんと食べてくる子ども、就寝時間が遅く、登園後すぐに眠ってしまう子ども、午前睡・午睡のある子どもなどに分け、ランチタイムをどれだけその子に合った形にできるのかを考えました。最初は、愛着関係で子どもたちを分け、その後、早くお腹が空く子どもから遅くても大丈夫な子どもの順にグループを３つに分けました（３つというのは、常勤職員が３人だったからです。スタッフ（非常勤パート職員）は毎日入れ替わるので、担当を持てません）。

　さて、ランチタイム。１つのグループから食べはじめ、そのグループが終わったら次のグループに、というようにしてみました。しかし、それは一緒に食べていたころと全く変わらない様子でした。結局、そのグループの子どもが３人くらい一緒に食卓につくことになり、また、残りの２グループの子どもたちも、早くお腹が空いたり、眠くなったりと、生活リズムを考慮しているとはとても思えない姿だったのです。

　そこで、気づいたのが、「１人の子どもでも、毎日の生活リズムが必ずしも一緒ではない」ということです。朝ごはんを食べる日があったり、なかったり、前日の就寝時間が遅く、その日は午前睡をしたり、保護者の仕事の都合によって、登園時間が早かったり、遅かったりとさまざまなのです。平均的な生活リズムではなく、毎日、担当がその日の子どもたちの様子を見て食べる順番を決めていくことで、スムーズになるのではないかと考えました。

　食卓には、３つのグループが共存するようになりました。担当が考え、それぞれのタイミングで子どもは席につきます。グループごとに食べていたときよりはスムーズにいくようになりました。

　それでも、子どもたちが一番納得できなかったのが食事の時間です。お昼になると、今までは、みんな一緒に食べていたのに、担当制導入後は、一人ひとりの生活リズムに合わせるので、お腹が空いている子どもから席につく。これを理解するのに一番苦労していたようでした。お腹

が空いていない子どもも席にはつきたいのです。なぜ食卓に行けないのかがわからず、よく泣いていました。その時は、少しかわいそうだと感じていました。しかし、根気強く子どもたちにお話をしました。「○○ちゃんは、△△くんが終わってから食べに行こうね」「次は□□ちゃんの番だよ」と。そうして1ヶ月もすると、名前を呼ばれるのを楽しみにするようになったのです。

　2年目からのグループ編成は、前年度の様子を見て、次のことを考慮しました。生活リズムが月齢でも差が出てくることに気づき、また、0歳児というクラスは特殊で、2学年が同じクラスで過ごすことになるため、発達にかなり差のある子どもたちが同じクラスで遊ぶことになります。そうなると、危険な場合も出てくるので、夏ごろから月齢の高い子どもたちが1歳児のクラスに生活空間を移動して（もちろん1歳児とは別空間で）生活することにしています。そのこともあって、1歳児のクラスに移動する子どもたちを1つのグループにすることにしました。その時、担当も同じようにクラスを移動します。もちろん、すぐ隣なので、同じ0歳児のクラスとして一緒に活動をしています。残りの2つのグループを生活リズムで分けることにしたのですが、私たちの場合は、アンケート調査や日ごろの生活を加味した結果、月齢で分けることがスムーズにいくと考え、そうしていました。

　担当制の礎となるもの。「同じ人に、同じ場所で、同じやり方で」保育を行う。これを念頭に保育を行うことを優先しました。ただ、できるだけが大事です。同じ場所で同じやり方は徹底してできることですが、同じ人というのが難しいのです。すべてを1人でやろうとすると、どうしても子どもを待たせてしまい、うまく流れないことが多々ありました。だから、できるだけ同じ人にということにしたのです。これも試行錯誤の結果です。

　しかし、今度はそこから保育者の配置という問題がでてきました。基本的にグループの担当が排泄・食事などを行いますが、例えば食事の準備をする人、戸外遊びから帰ってくる子どもを迎える人、食べ終わった食器を片づける人、掃除をする人と、子どものお世話とは直接関係ない部分の役割が必要なのです。そうなるとグループ担当が抜けてしまうことが生じるのです。できるだけ同じ人と考えたので、担当制のグループを持つ職員以外の、スタッフの役割分担が問題となったのです。

　見様見まねでやってきたことに、限界を感じるようになりました。子

どもの数、保育者の数、勤務形態など、異なることが多いため、全く同じというわけにはいかないと感じるようになりました。そこで、「同じ人に、同じ場所で、同じやり方で」保育をすることを基礎に、自分たちのオリジナルの担当制をつくっていかなければならないと思ったのです。

　最初は毎朝、掃除・ランチの準備・おむつの片づけと、その日のシフトを見て、だれが何をするか決めました。しかし、それを決めてしまうと、そのほかのことに手が足らなくなり、結局ランチの時間が長びいたり、子どもたちの遊びを見守る人が少なくなったりと、悪循環でした。

　そこで、グループを持つ担当が何をするべきか。その時に、スタッフはどこにまわるべきかを、日々担当制を実施しながら話し合いを重ねました。そうすることで、今どの役割にまわるべきかがわかるようになってきました。保育者全員が担当制を理解していくことで、全員が、今自分がどこに行くべきかを考えるようになったのです。

　グループの担当を持つ職員は、基本的に排泄・食事・お迎えを行い、それをサポートしてくれるのがスタッフです。荷物の片づけ、子どもの遊びを見守る、掃除、布団を敷くという作業をします。そうすることで、常勤の保育者は担当制に集中でき、少しずつスタイルが確立していきました。

　手探り状態だった担当制。しかし、子どもたちの変化に、このスタイルでまちがいないと確信していきました。今までは、みんなの保育者だったため、愛着関係を築くのにも時間がかかっていましたが、担当制にすることで、「子どもたちも、自分が困ったらどの保育者にいけばいいかわかるようになってきた」のです。例えば、順番を待っていたけどお腹が空いてきた場合、自分の担当の保育者に伝えようとするようになりました。また、食べている子どもが終わって、自分の担当の保育者が次に迎えに来てくれるのを、楽しみに待つようにもなりました。つまり、自分の担当を理解し、その保育者の動きをみるようになったのです。

　担当制は、勤務時間の都合により、遅出が出勤する9時から早出が帰る16時までと決めていました。勤務時間により多少異なりますが、朝夕のお迎えのときはできるだけ担当の保育者が行うようにしました。そうすると、毎朝登園したときの子どもの姿が変わってきました。明らかに安心しているようなのです。さらに、保護者の変化です。朝、保護者からお家での子どもの様子を聞き、夕方、保護者に保育園での様子を伝

えます。決まった保育者が聞いて伝えるので、24時間の生活リズムをみることができ、さらに保護者との信頼度が高まっていきました。いつも自分の子をみてくれているこの保育者なら…と、今まで話せなかった悩みも話してくれるようになってきました。

　今まで見えなかった保育の様子が見えてきたこと、それが安心・信頼につながっていったのです。

　新年度、0歳児クラスは、新入園児ばかりです。また、産休・育休明けから預けるタイミングがそれぞれ異なるため、毎月のように新入園児が増えます。その時に担当制が力を発揮します。必ず担当の保育者が迎えに来てくれる。それだけで、子どもが保育園に慣れ、落ち着いていくのが早いのです。

　新年度の職員も同じです。担当制というスタイルがあるため、事前に研修を行うことで、自分が何をすればいいのかを理解するのが早く、スムーズに保育に入ることができます。

　0歳児は特に、赤ちゃんだからわからないというイメージがありますが、そうではなかったのです。おむつを替えてからランチということを理解すれば、楽しいランチが待っているのだから、おむつ替えを嫌がることもなくなります。食事のとき、エプロンをつけたら、おしぼりで手をふくことがわかると、自分から手を出してくるようになります。赤ちゃんとはいえ、先が読めるようになっていったのです。これがありがたかったのです。担当制の道筋がみえてきた瞬間でした。保育者は、試行錯誤で右往左往していたのですが、子どもたちは、ちゃんと先に進んでくれていたのです。

　保育のスタイルを一からやり直すというのは、実に大変なことです。職員全員が共通理解を持つことにも時間がかかります。その上、スタイルを確立しながらの同時進行であるから、さらに難しい。しかし、一番大事なのは、今までの保育のスタイルに固執しないことです。やってみなければ始まらない！　の精神でやってみることです。子どもたちに合ったスタイルであれば、子どもたちが自然に変わっていきます。

　子どもたちがスタイルを導き出してくれたのです。

スタッフの役割と配置

　担当制保育を導入するにあたり、スタッフ（当園では、非常勤パート職員の事をスタッフと呼びます）の存在はとても大きいものです。担当制を進めていくには、スタッフのお手伝いなしにはスムーズに進められません。

　当園は、1グループの子どもの人数が多いため、排泄・食事の場面では複数のグループが一緒に待っている状況になることがあります。当然、自分のグループと他のグループを一緒に見ないといけませんが、子どもの人数が多いとそれも難しくなります。それをスタッフがフォローして、一緒に子どもたちを見ているので、職員の負担もかなり違い、あせっておむつ換えや食事のお世話などをする必要がなく、一人ひとりとじっくり向き合ってかかわれるようになります。

　今でこそ、職員とスタッフがお互いの動きを理解するようになりましたが、そこに至るまでは、実はかなり時間がかかりました。

　初めて「担当制保育」という話を聞いた時の率直な感想をスタッフに尋ねてみると、「一人ひとりに細やかな配慮を、専門的に行うことができるからよい。」「子どもたちのことがよくわかり、密に接する事ができてよい。」「今までとは全く違った保育スタイルだったので、とても興味深かった。」という反面、「どのように行動していったらいいのか不安も大きかった。」「クラスがどう動いて一日が流れていくのか想像ができなかった。」とも言っていました。

　"やってみたいけど、何からすればいいのかわからない。"という思いの中、実際にクラスに取り入れていくまでの第一段階として、まず、スタッフに何度も研修会に参加してもらい、自分たちがどのように職員や子どもたちとかかわっていく必要があるのか？　などについて話し合ってもらいました。また、職員と一緒にシミュレーションをして、自分たちの動きも確認し合いました。

　スタッフが職員のフォローに入る。頭では理解していても、実際に動いてみると、問題点も見つかり、当然初めからうまくはいきませんでした。当時のことをスタッフに振り返ってもらうと、「担当制の流れがスムーズにいくようにサポートしなければいけないところを、自分自身がきちんと理解するまで、どこまで手出ししていいのか判断が難しかった。」とか、「昔の一斉保育のスタイルが抜けきれず、子どもたちを見守ることがとても難しく、排泄・食事の場面でもついつい手出ししすぎてしまいがちだった。」「自分がどのように動いたらいいのかわからず、気

づくとスタッフ同士が同じ動きをしてしまうこともあった」と言います。
　スタッフの動き以外の問題にも直面しました。それは、同じスタッフが毎日同じクラスに入るとは限らないということと、職員の休みの日には代わりに担当のグループに入って保育をしてもらわなければならないことです。勤務を組む上で、できるだけ同じスタッフにクラスに入ってもらうようにシフトを調整していますが、事情により変更になるときもあります。こうした場合、どのように対処したらよいか？　など、次々に問題が生じてきたのです。
　"とにかくやってみよう"という思いからスタートしましたが、研修を受け演習したにもかかわらず、職員やスタッフの動きに無駄があって、一日がうまく流れず、子どもたちの動きを返って止めてしまうこともありました。どうすれば担当制がスムーズにいくか？　を考えていく中で、うまくまわらないところや納得のいかないところなど、その都度話し合って、ちょっとしたことでも、次の日にはやり方を変え改善していきました。その動作を繰り返し行っていくことで気づいたのです。
　「担当の保育者のするべきことがわかれば、自然と自分たちの動きも見えてきて、明確になってくる」と。保育者と子どもたちのかかわりや動きの妨げにならないように、また保育者があせって保育しないようゆったりとかかわっていくためには、全体の流れに気づく事が大切なのです。
　"今は、何をするべきか？"自分の役割を知ることが大事だと、あるスタッフは話してくれました。「以前のように、一斉に子どもたちを動かしていたときのフォローは、自分があちこち動き回っていて大変だったが、担当制保育になってからはそれがなくなり、自分のやるべき仕事を、責任を持ってできるようになった。」「担当制保育は動きに無駄がない。些細な事にも気づくようになったし、子どものサインをしっかり見届けることができる。」とも言っています。
　そして、スタッフの動き以外の問題に関しては、昨日と違うスタッフがクラスに入るときは、担当制が始まる前に、職員が子どもたちの様子を簡単に話すようにし、職員の代わりにグループに入ってもらうときには、連絡ノート（受けもってもらう子どもたちの最近の様子、投薬の有無など詳細を記入したもの）に目を通すようにしてもらいました。そして、だれがグループに入っても同じやり方でお世話ができるように、排

泄・食事などの手順をマニュアル化して、保育者全員に配布しました（これは、新人スタッフが配属されるたびに渡しています。）
　すると、連絡ミスや手順の理解不足で子どもたちを不安がらせることがなくなり、また、「今、この子どもに対してはこうして欲しい。」という担当職員の思いも聞くことができて、職員の動きやスタッフの動きを確認し合えるようにまでなりました。朝のわずかな時間を有効に使うことで、一日の流れがスムーズになることもわかったのです。
　担当制保育を実践してみると、毎日同じ人が同じ場所で同じやり方でお世話をするので、子どもたちとの強い信頼関係が確実にできてきます。また、クラスの雰囲気も落ち着き、トラブル（かみつき、ひっかきなど）もずいぶん減りました。"次に何をしたらよいか？"ということを子どもたちもわかっているため、保育がしやすく、担当の保育者の動きを見て自主的にトイレに向かったり、ランチの準備をしたりします（これは０歳児でもできるのです）。
　スタッフに担当制を取り入れた感想を尋ねると、「子どもたちが担当の保育者の顔を見るとき、自分の親に対するように"ホッと"した表情をするのがとても素敵だと思った。」「一人ひとり大切に接するので、情緒も安定し、子どもたちが落ち着いて穏やかに園生活が送れる。」と話してくれました。スタッフだからこそ気づく、正直な気持ちではないかと思いました。スタッフがそばにいてくれるから心強く、安心して保育ができるということに、職員も感謝しながら、これからもともに子どもたちのために努めていきたいです。スタッフは当園最強最高のサポーターです。

第 3 章

きんこう保育園の担当制保育

0歳 0歳児保育室のデザイン

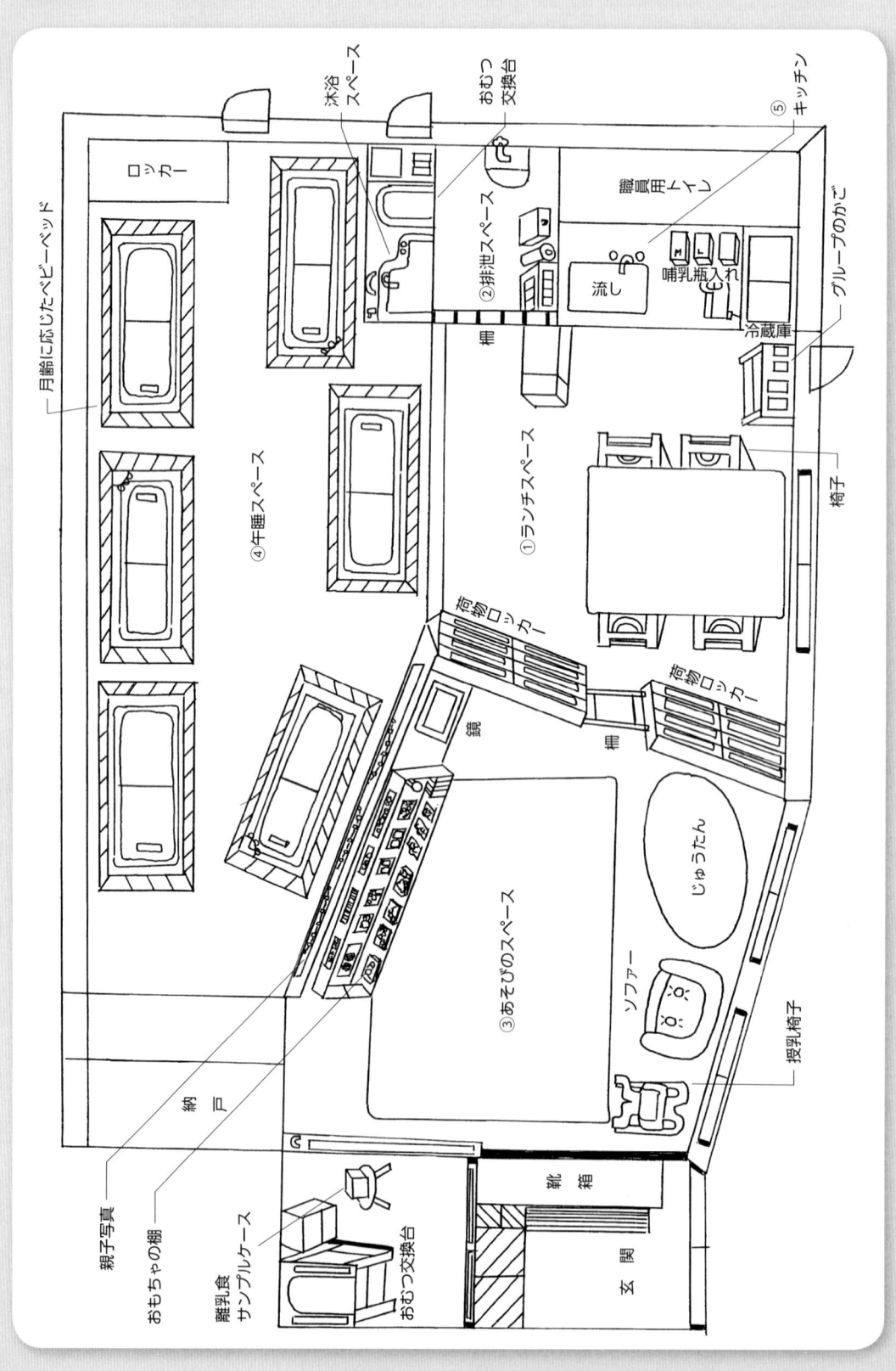

第3章 きんこう保育園の担当制保育

0歳 0歳児　一日の流れ

p.66-76の表の見方

1 グループ分けと担当の保育者

＊表内の1〜4はグループ番号、①〜⑥は各担当職員・スタッフ、色分けは下記グループカラー、色●は各グループの子どもの動き

1グループ	月齢が高く生活リズムの早いグループ

職員①　子ども●（5人）

2グループ	月齢が高く生活リズムの遅いグループ

職員②　子ども●（3人）

3グループ	月齢が低く生活リズムの早いグループ

職員③　子ども●（3人）

4グループ	月齢が低く生活リズムの遅いグループ

職員④　子ども●（3人）

スタッフ⑤

スタッフ⑤

スタッフ⑥

スタッフ⑥

おおまかな一日の流れ

時間	子どもの動き	
7:00	順次登園（荷物整理・検温・視診）	早出の職員が子どもを見る
9:30	排泄 朝のおやつ 排泄	担当制保育
10:15	午前中の活動（戸外遊び・室内遊び・製作など） 排泄	
11:30	ランチ	
12:00	午睡	
	排泄	
15:00	昼のおやつ	
	排泄	
16:00	順次降園	
19:30		遅出の職員が子どもを見る

＊上記は基本のスケジュール。ミルクや睡眠などは、子どもの生活リズムに合わせてとれるようにしている

2 アイコンの見方

- 登園後、紙おむつ→布おむつへ、降園前、布おむつ→紙おむつに交換。おむつ替えの際は、1人ずつ順にお迎えに行き、替えていく

- お腹のすいた子どもに順次ミルクを飲ませる

- お庭遊びの後、お茶を飲ませる。または飲むように促す

- 机の上に、おやつ、エプロン、タオルを並べて、1人ずつ順番に迎えに行き、おやつの援助をする

- エプロン、タオルを並べて、1人ずつ順番にランチに誘う。一人ひとりの離乳食の段階に応じたランチを用意する

- 眠くなった子どもからベビーベッドに寝かせる

- 乳児の突然死予防と子どもの体調変化に気付けるようにするため、10分おきに睡眠チェックを行う。室内の温度もこまめに調整する

- お部屋遊びを見守る

- グループごとにお庭遊び。体調を考慮し、お庭に出られない子どもは、他の職員やスタッフがお部屋遊びやおむつ替え、午睡などを担当する

*アイコンは各職員、スタッフの行う内容

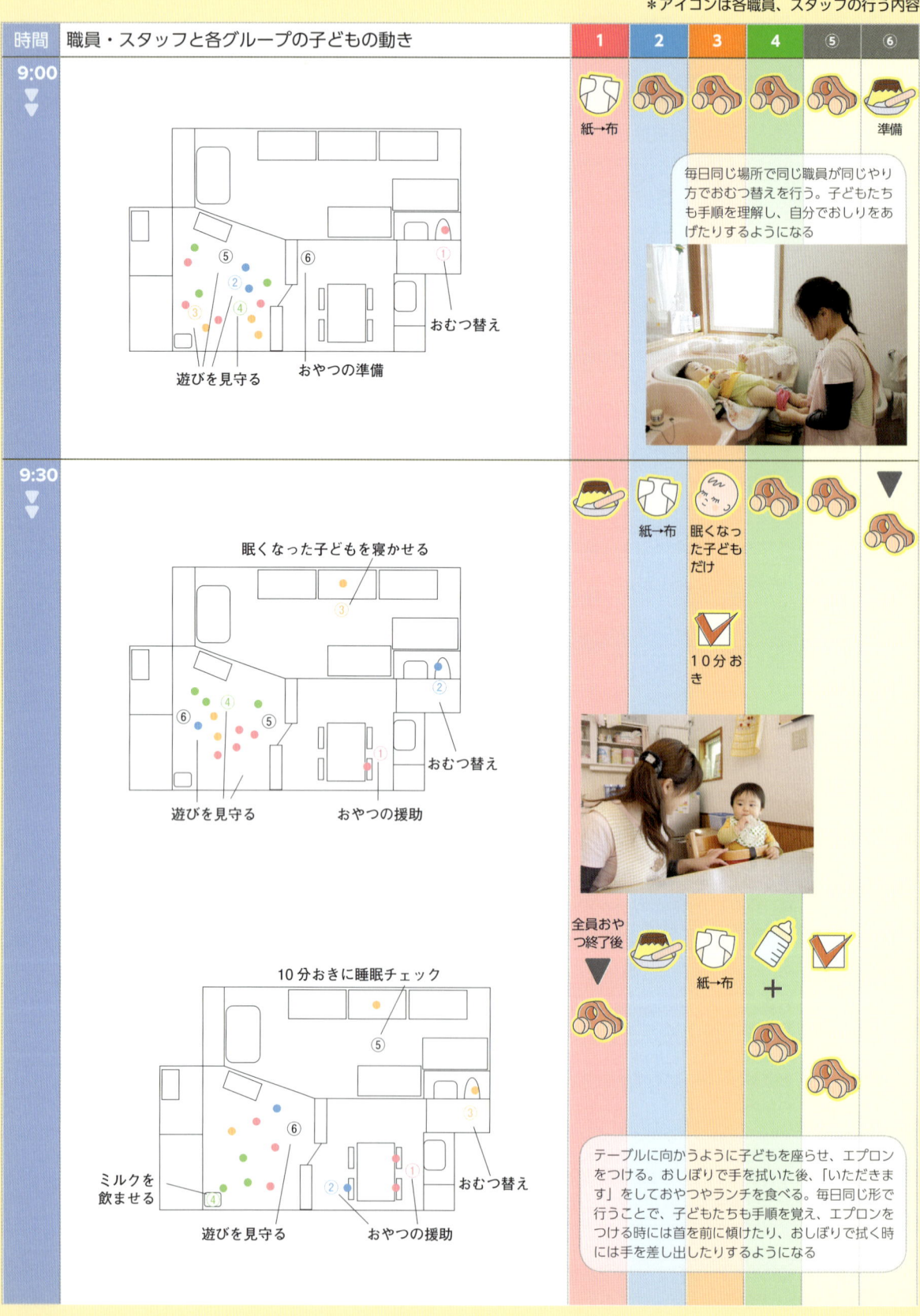

時間	職員・スタッフと各グループの子どもの動き	1	2	3	4	⑤	⑥

9:00

遊びを見守る / おやつの準備 / おむつ替え

1: 紙→布
6: 準備

毎日同じ場所で同じ職員が同じやり方でおむつ替えを行う。子どもたちも手順を理解し、自分でおしりをあげたりするようになる

9:30

眠くなった子どもを寝かせる / 遊びを見守る / おやつの援助 / おむつ替え

1: 紙→布
3: 眠くなった子どもだけ / 10分おき

全員おやつ終了後 / 紙→布 / ＋ / 10分おきに睡眠チェック

テーブルに向かうように子どもを座らせ、エプロンをつける。おしぼりで手を拭いた後、「いただきます」をしておやつやランチを食べる。毎日同じ形で行うことで、子どもたちも手順を覚え、エプロンをつける時には首を前に傾けたり、おしぼりで拭く時には手を差し出したりするようになる

ミルクを飲ませる / 遊びを見守る / おやつの援助 / おむつ替え / 10分おきに睡眠チェック

66

第 3 章 きんこう保育園の担当制保育

0 歳児　一日の流れ

時間	職員・スタッフと各グループの子どもの動き
10:00	

10:00の図（上）
- 10分おきに睡眠チェック ⑥
- ミルクを飲ませる ③
- 遊びを見守る ①
- おやつの援助 ②
- おむつ替え ④
- ⑤

中央の図
- 眠くなった子どもを寝かせる ④
- 登園の遅い子どもの受け入れ ②
- ミルクを飲ませる ③
- 遊びを見守る
- おやつ後、ランチスペースを掃除 ⑤
- おむつ替え ①

下の図
- 眠くなった子どもを寝かせる ③
- グループごとにお庭に出る ①
- 遊びを見守る ⑥
- おむつ替え ②
- ④ ⑤

右カラム（グループ1〜6の動き）

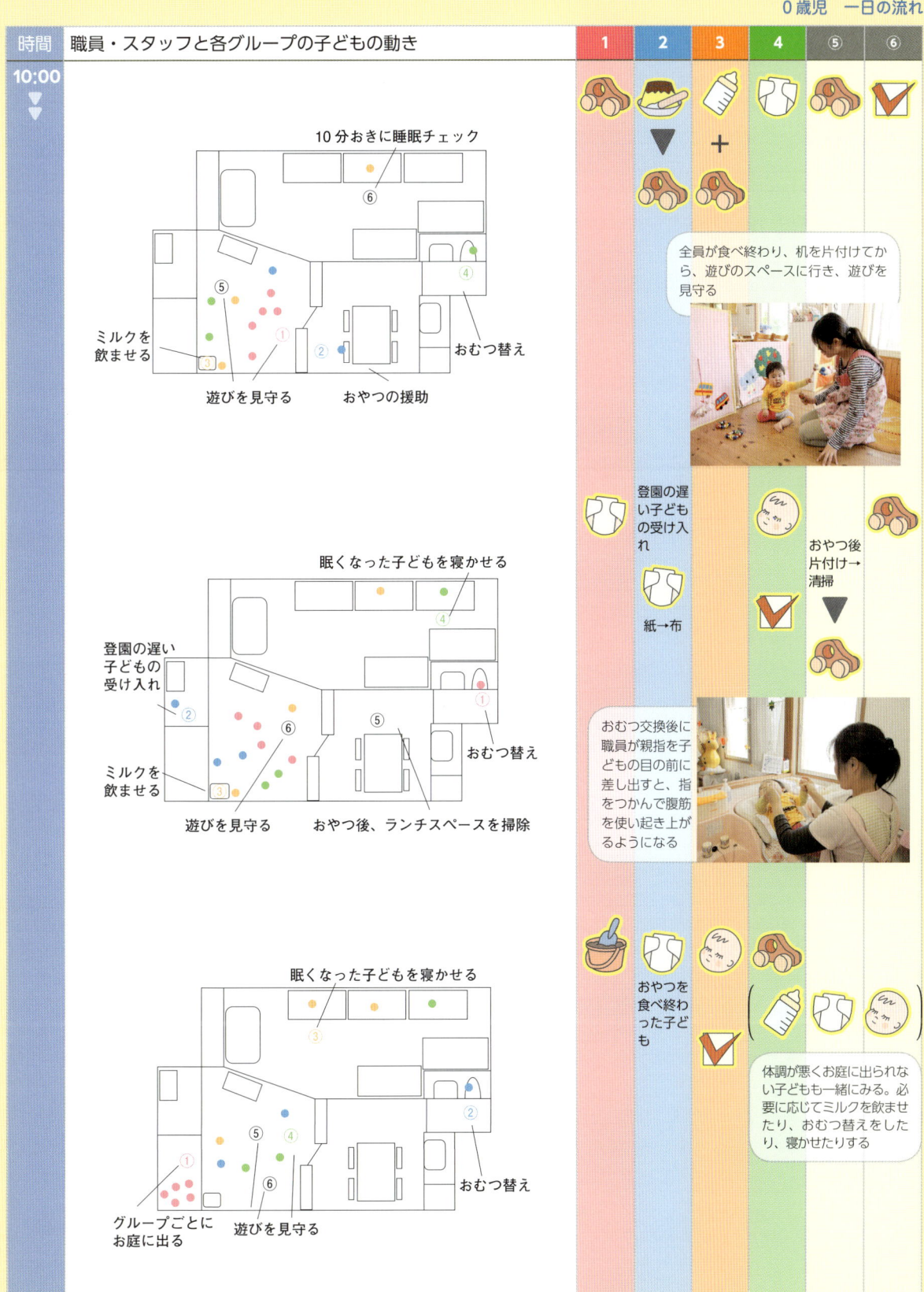

全員が食べ終わり、机を片付けてから、遊びのスペースに行き、遊びを見守る

登園の遅い子どもの受け入れ
紙→布

おやつ後片付け→清掃

おむつ交換後に職員が親指を子どもの目の前に差し出すと、指をつかんで腹筋を使い起き上がるようになる

おやつを食べ終わった子ども

体調が悪くお庭に出られない子どもも一緒にみる。必要に応じてミルクを飲ませたり、おむつ替えをしたり、寝かせたりする

時間	職員・スタッフと各グループの子どもの動き	①	②	③	④	⑤	⑥

10分おきに睡眠チェック

⑤

お庭に出る ②

④

③ おむつ替え

遊びを見守る

① ●●●●● お庭遊びを見守る

お庭に出るときには帽子をかぶる。1日の流れを覚えてくると、自分の荷物ロッカーから帽子を取ってきて準備をするようになる

起床した子どもを迎えに行く

⑤

③

④ おむつ替え

遊びを見守る

① ●●●● ② ●●● ⑥ お庭遊びを見守る

起床した子ども

11:00

10分おきに睡眠チェック

③

④ ⑤

① おむつ替え

⑥

遊びを見守る　お茶を飲ませる

② ●●● お庭遊びを見守る

②の補助

①の補助

お部屋に戻り、手を洗った後、一人ずつ順番に迎えに行き、おむつを替える。汗をかいた時には、沐浴も行う

第3章 きんこう保育園の担当制保育

0歳児 一日の流れ

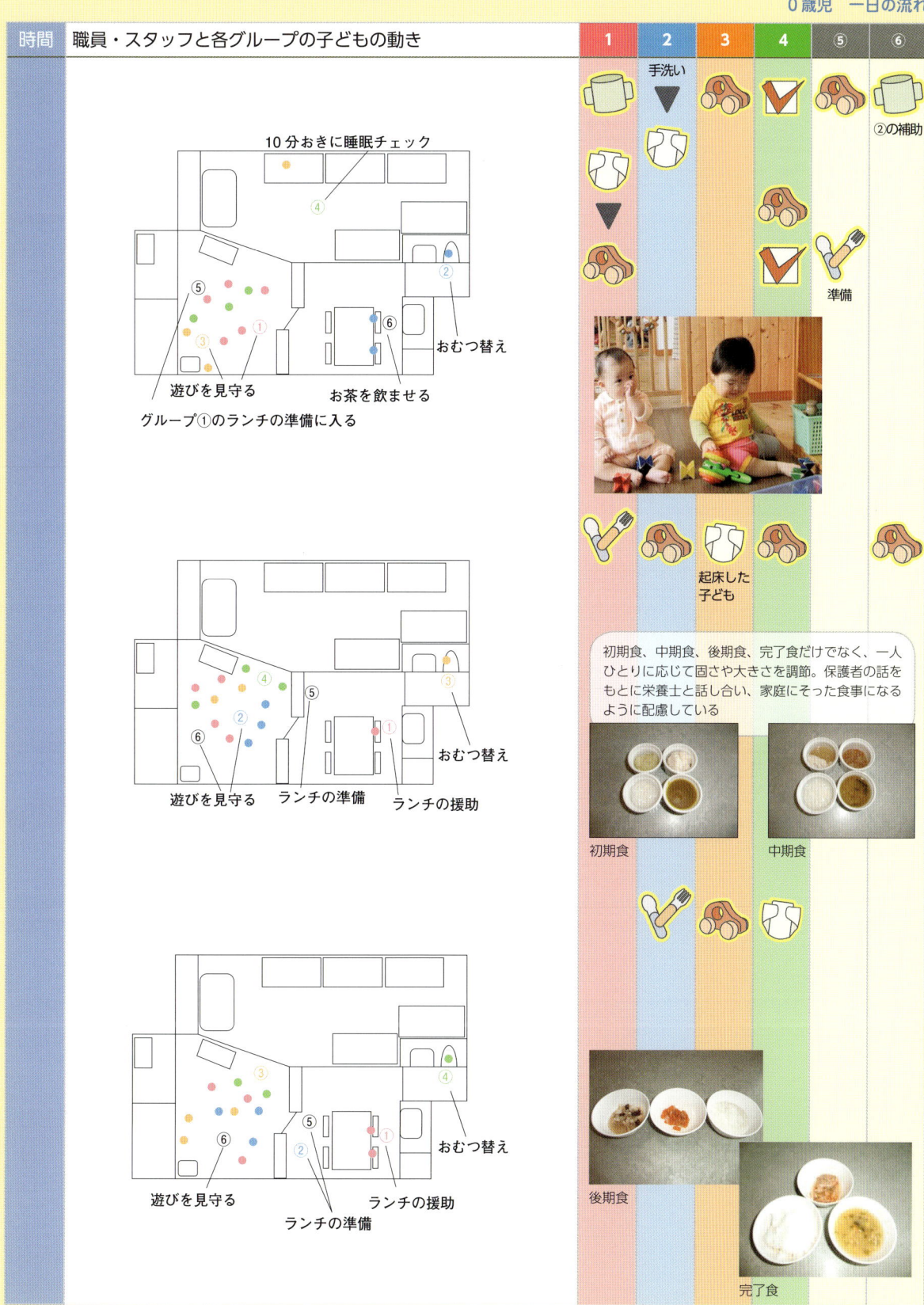

時間	職員・スタッフと各グループの子どもの動き	1	2	3	4	⑤	⑥

2: 手洗い

4: 準備

⑥: ②の補助

図1
- 10分おきに睡眠チェック
- ④（睡眠エリア）
- ②：お茶を飲ませる
- ⑥：おむつ替え
- ①③⑤：遊びを見守る
- グループ①のランチの準備に入る

起床した子ども

初期食、中期食、後期食、完了食だけでなく、一人ひとりに応じて固さや大きさを調節。保護者の話をもとに栄養士と話し合い、家庭にそった食事になるように配慮している

初期食　　中期食

図2
- ⑥：遊びを見守る
- ⑤：ランチの準備
- ①：ランチの援助
- ③：おむつ替え
- ②④

図3
- ⑥：遊びを見守る
- ②：ランチの準備
- ①：ランチの援助
- ④：おむつ替え
- ③⑤

後期食

完了食

69

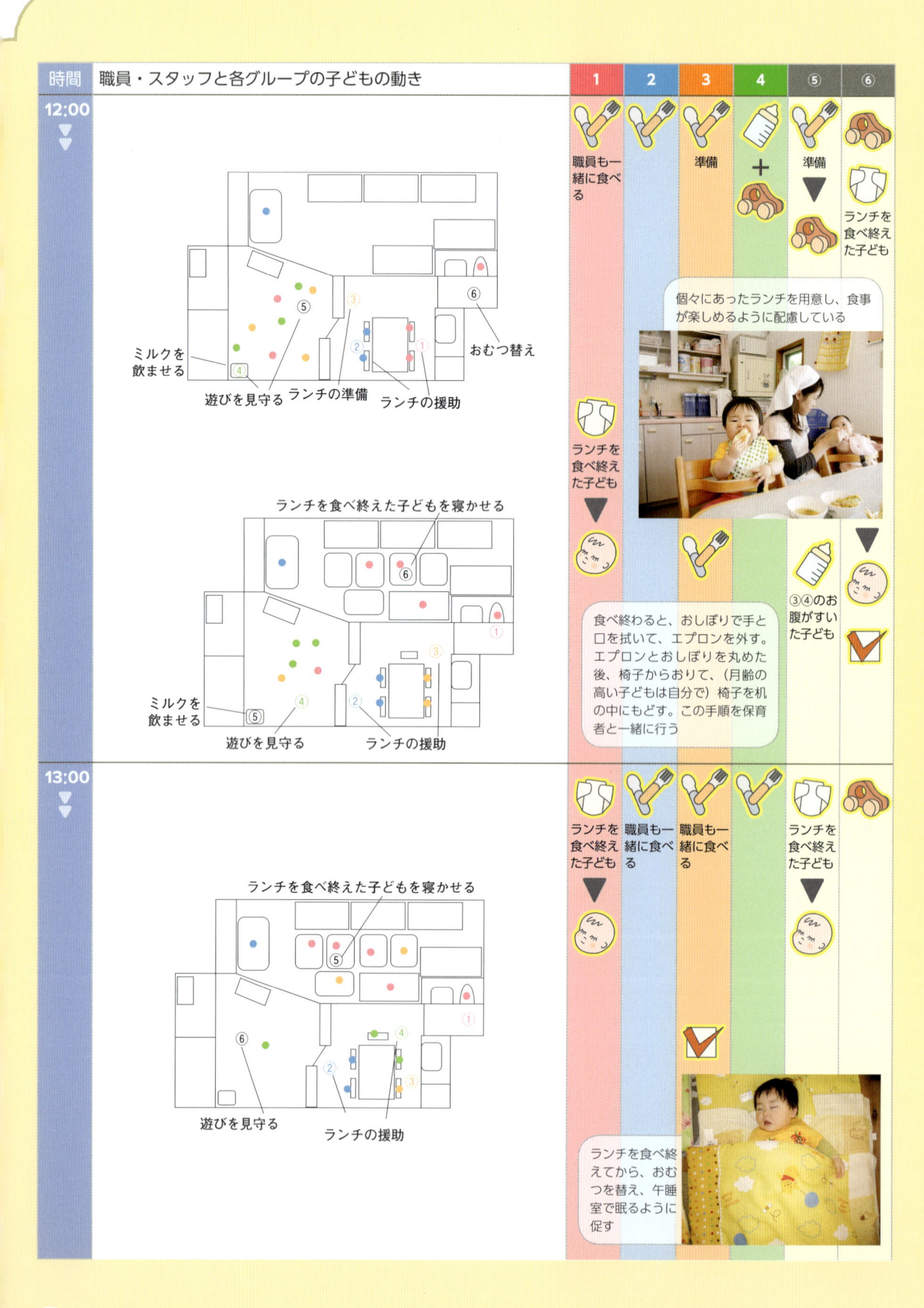

時間	職員・スタッフと各グループの子どもの動き	1	2	3	4	⑤	⑥
12:00 ▼	ミルクを飲ませる / 遊びを見守る / ランチの準備 / ランチの援助 / おむつ替え ランチを食べ終えた子どもを寝かせる ミルクを飲ませる / 遊びを見守る / ランチの援助	職員も一緒に食べる ▼ ランチを食べ終えた子ども ▼	準備	準備 ▼	＋	準備 ▼ ランチを食べ終えた子ども ▼	ランチを食べ終えた子ども ▼
						③④のお腹がすいた子ども ✓	
13:00 ▼	ランチを食べ終えた子どもを寝かせる 遊びを見守る / ランチの援助	ランチを食べ終えた子ども ▼	職員も一緒に食べる	職員も一緒に食べる	ランチを食べ終えた子ども ✓	ランチを食べ終えた子ども ▼	

個々にあったランチを用意し、食事が楽しめるように配慮している

食べ終わると、おしぼりで手と口を拭いて、エプロンを外す。エプロンとおしぼりを丸めた後、椅子からおりて、（月齢の高い子どもは自分で）椅子を机の中にもどす。この手順を保育者と一緒に行う

ランチを食べ終えてから、おむつを替え、午睡室で眠るように促す

70

第3章 きんこう保育園の担当制保育

0歳児　一日の流れ

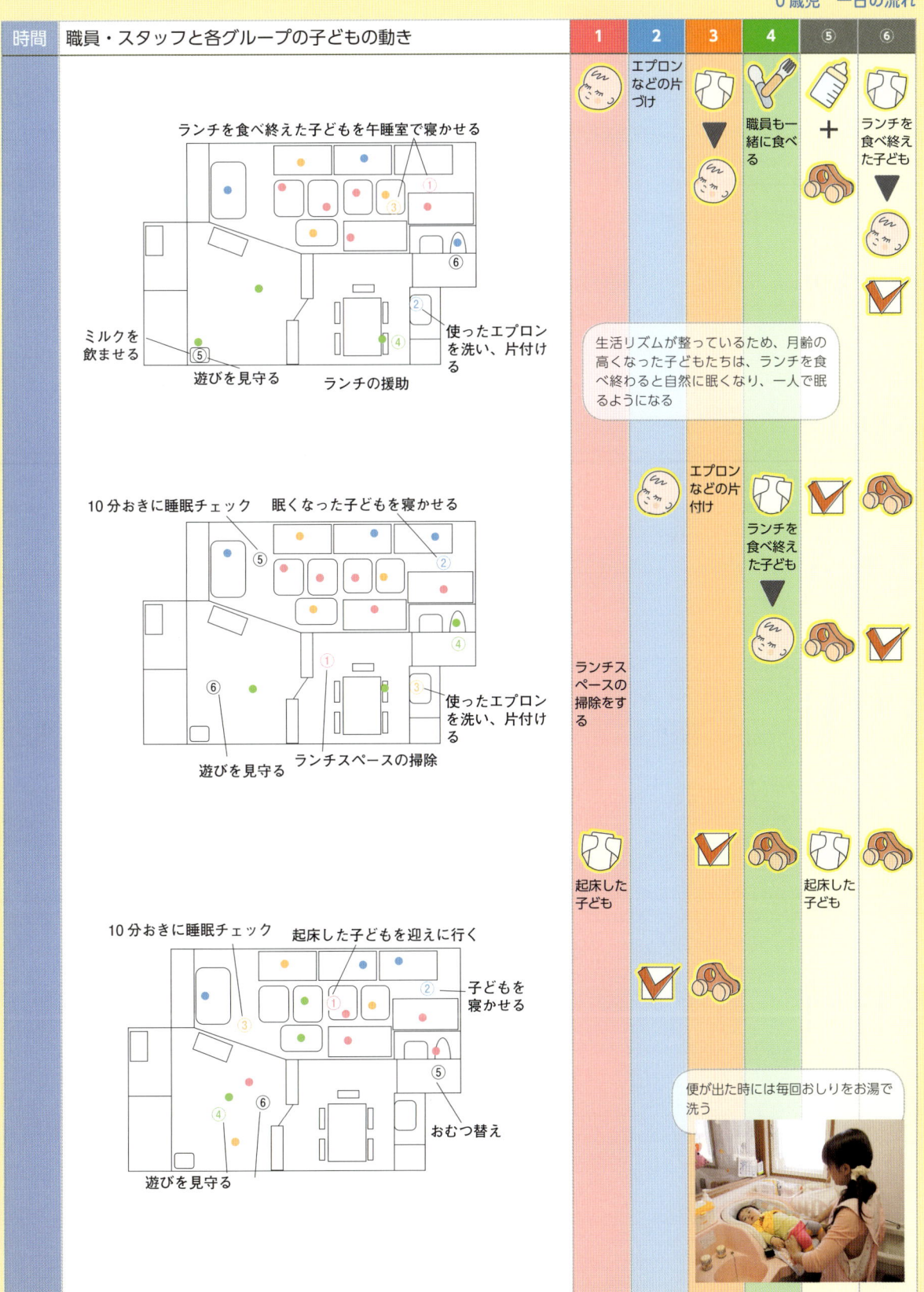

時間	職員・スタッフと各グループの子どもの動き	1	2	3	4	5	6

1段目の図：
- ランチを食べ終えた子どもを午睡室で寝かせる
- ミルクを飲ませる
- 遊びを見守る
- ランチの援助
- 使ったエプロンを洗い、片付ける

2列目：エプロンなどの片づけ
4列目：職員も一緒に食べる
6列目：ランチを食べ終えた子ども

生活リズムが整っているため、月齢の高くなった子どもたちは、ランチを食べ終わると自然に眠くなり、一人で眠るようになる

2段目の図：
- 10分おきに睡眠チェック
- 眠くなった子どもを寝かせる
- 遊びを見守る
- ランチスペースの掃除
- 使ったエプロンを洗い、片付ける

2列目：エプロンなどの片付け
4列目：ランチを食べ終えた子ども
1列目：ランチスペースの掃除をする

3段目の図：
- 10分おきに睡眠チェック
- 起床した子どもを迎えに行く
- 子どもを寝かせる
- おむつ替え
- 遊びを見守る

1列目：起床した子ども
4列目：起床した子ども

便が出た時には毎回おしりをお湯で洗う

71

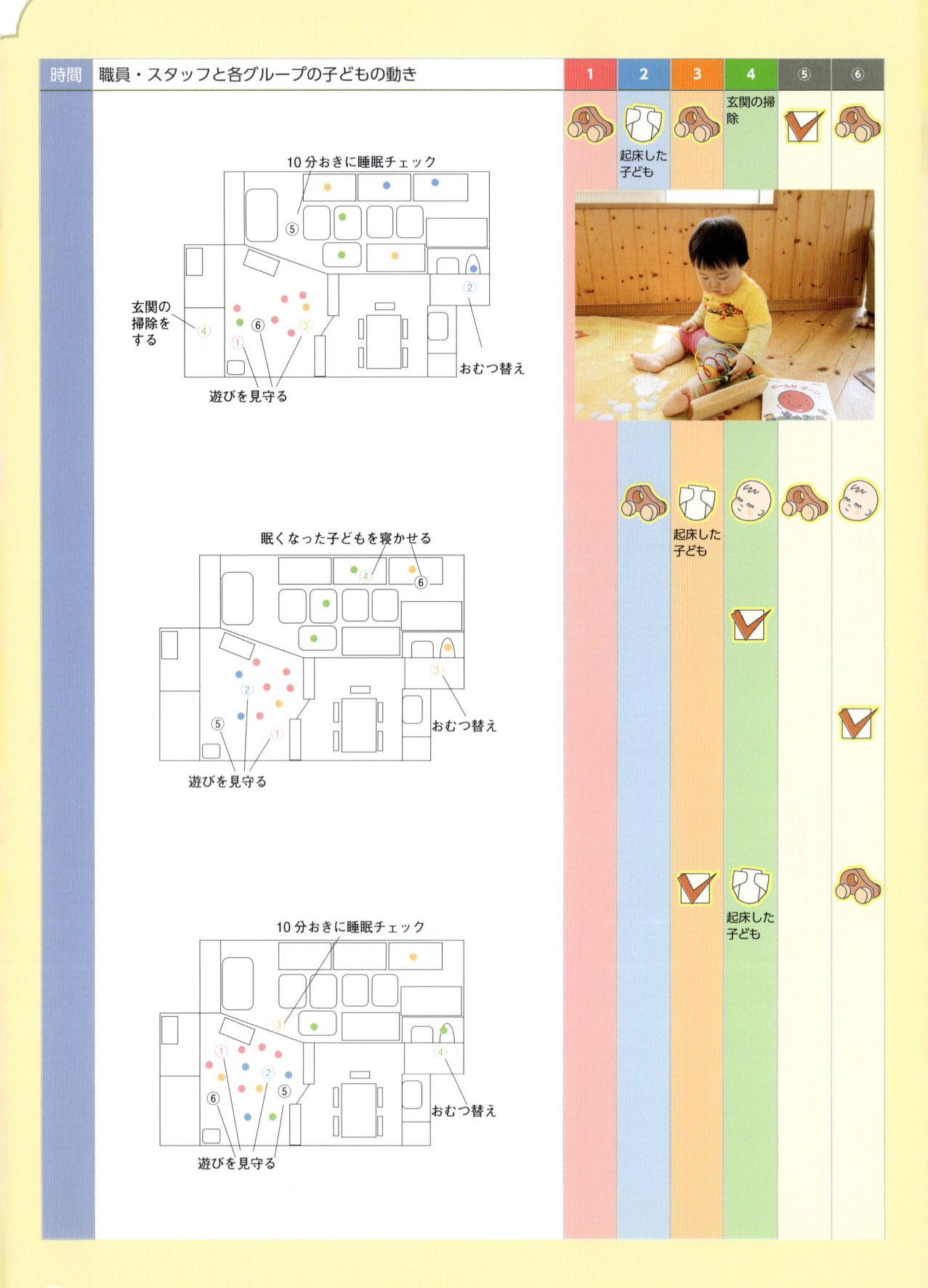

時間	職員・スタッフと各グループの子どもの動き	1	2	3	4	⑤	⑥
	10分おきに睡眠チェック 玄関の掃除をする おむつ替え 遊びを見守る	🚗	👶(おむつ) 起床した子ども	🚗	玄関の掃除	✓	🚗
	眠くなった子どもを寝かせる おむつ替え 遊びを見守る		🚗	👶(おむつ) 起床した子ども	😴 🚗	✓ ✓	😴
	10分おきに睡眠チェック おむつ替え 遊びを見守る			✓	👶(おむつ) 起床した子ども		🚗

72

第3章 きんこう保育園の担当制保育

0歳児　一日の流れ

時間	職員・スタッフと各グループの子どもの動き	1	2	3	4	⑤	⑥
	10分おきに睡眠チェック 遊びを見守る　おやつの準備				✓	準備	
15:00	起きた子どもを迎えに行く ミルクを飲ませる　遊びを見守る　おむつ替え　おやつの援助					担当が手が離せないとき&起床した子ども ▼	
	10分おきに睡眠チェック 遊びを見守る　おやつの援助　おむつ替え						✓

おやつが終わった子どもから順次お部屋遊びのスペースに連れていく

73

時間	職員・スタッフと各グループの子どもの動き	1	2	3	4	⑤	⑥

10分おきに睡眠チェック
⑤
④ おむつ替え
③ ② ①
遊びを見守る　おやつの援助
⑥

10分おきに睡眠チェック
④
⑤ おむつ替え
③ ②
遊びを見守る　おやつの援助
⑥
① 荷物の整理

10分おきに睡眠チェック
⑥
① おむつ替え
④
③ ⑤
遊びを見守る
② 荷物の整理

荷物の整理

おやつが終わった子ども
▼
お部屋遊びスペースへ

起床した子ども

全員がおやつを食べ終わったら、机を片付け、荷物の整理をする

荷物の整理

布→紙

降園前に布おむつから紙おむつに替える

74

第3章 きんこう保育園の担当制保育

0歳児 一日の流れ

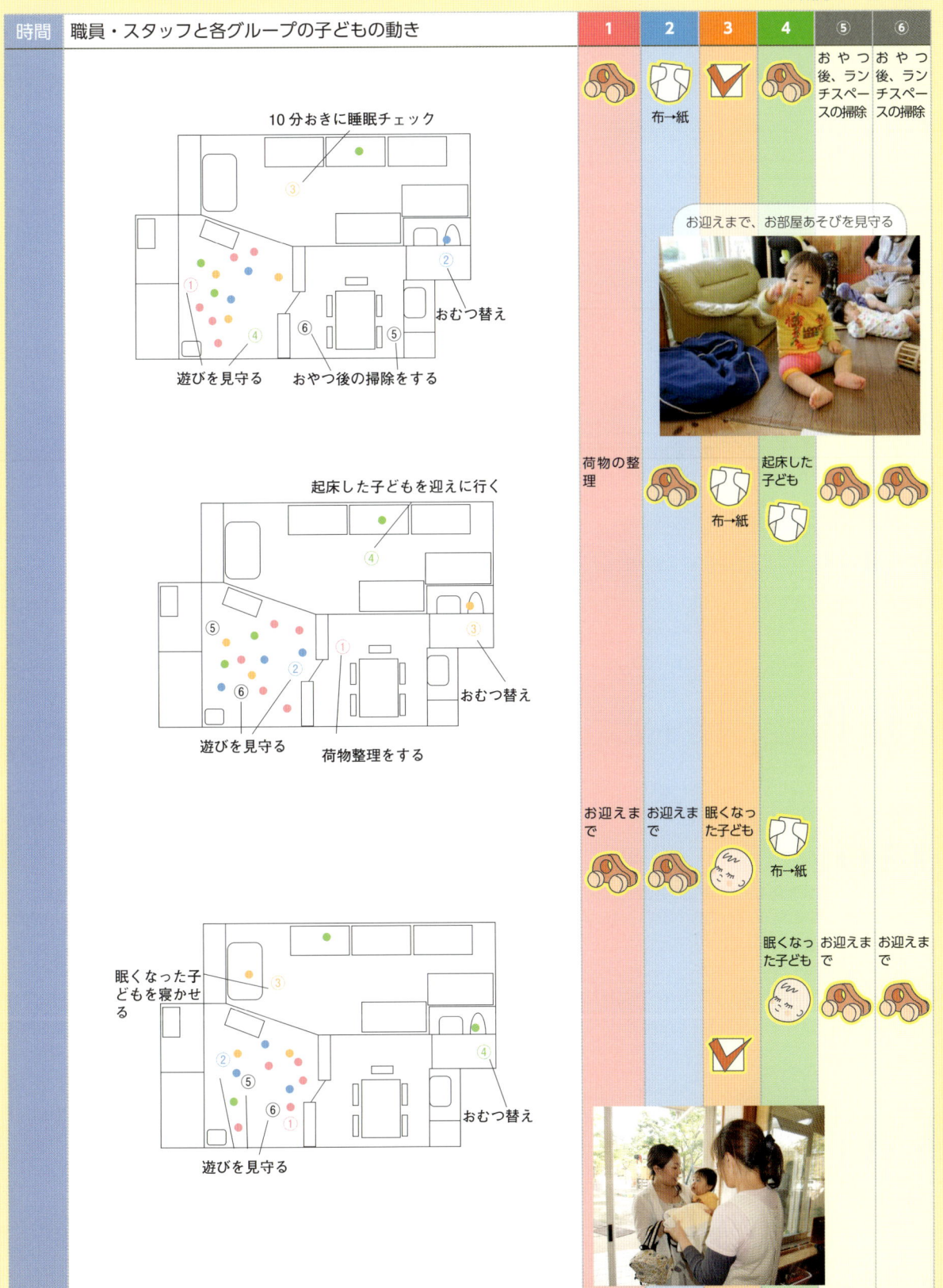

時間	職員・スタッフと各グループの子どもの動き	1	2	3	4	⑤	⑥
	10分おきに睡眠チェック／おむつ替え／遊びを見守る／おやつ後の掃除をする		布→紙	✓		おやつ後、ランチスペースの掃除	おやつ後、ランチスペースの掃除
		荷物の整理		布→紙	起床した子ども		
	起床した子どもを迎えに行く／おむつ替え／遊びを見守る／荷物整理をする	お迎えまで	お迎えまで	眠くなった子ども	布→紙		
	眠くなった子どもを寝かせる／おむつ替え／遊びを見守る				眠くなった子ども ✓	お迎えまで	お迎えまで

お迎えまで、お部屋あそびを見守る

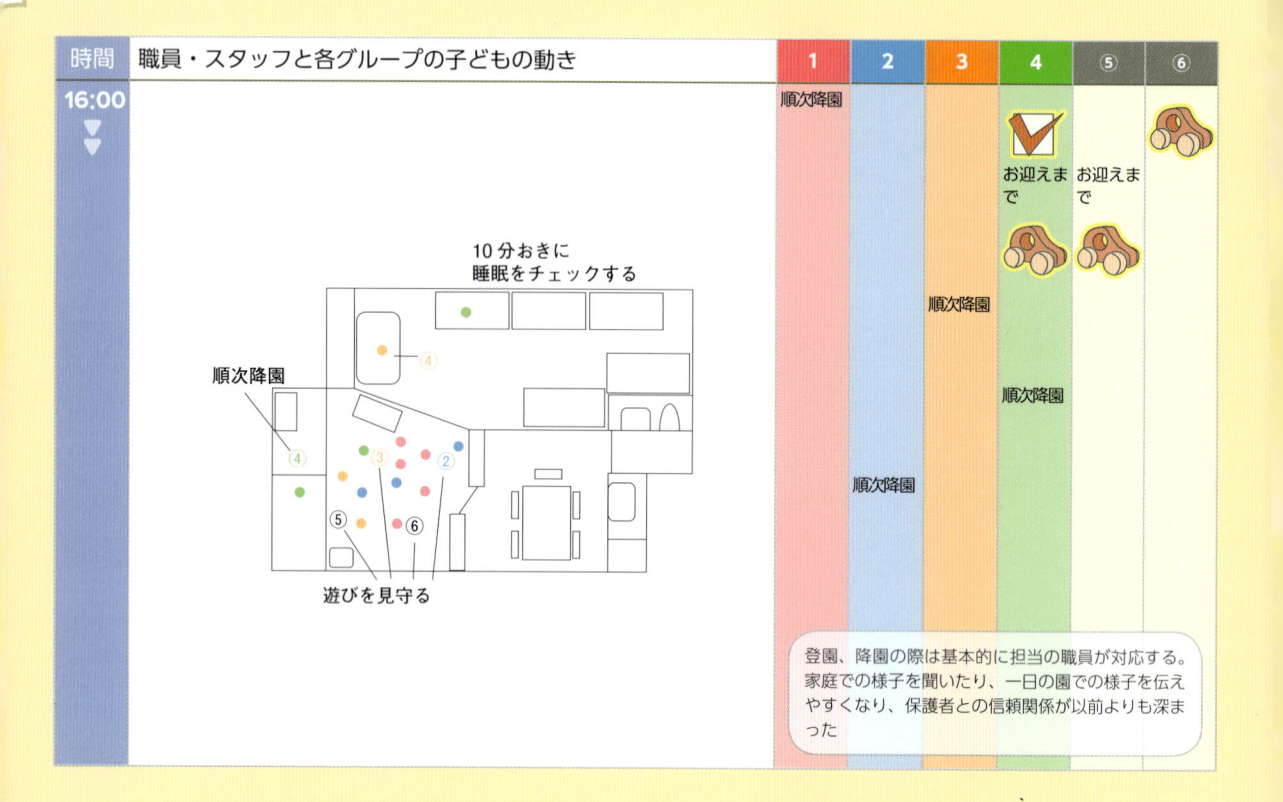

時間	職員・スタッフと各グループの子どもの動き	1	2	3	4	⑤	⑥
16:00 ▼▼	10分おきに睡眠をチェックする 順次降園 遊びを見守る	順次降園	順次降園	順次降園	お迎えまで 順次降園	お迎えまで	

登園、降園の際は基本的に担当の職員が対応する。家庭での様子を聞いたり、一日の園での様子を伝えやすくなり、保護者との信頼関係が以前よりも深まった

0歳児　トイレの手順

1 トイレ用のエプロンをつける

2 1人目の子どもを迎えに行く

3 服のボタンを外す

4 おしりを手で支え、おむつを替える

5 布おむつをつける

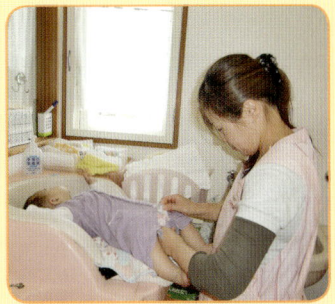

6 ボタンをつけ服装を整える

7 保育者の親指をつかませ、手を軽く添える

8 子どもが自分から起き上がるのを援助する

9 遊びのスペースに戻る

10 次の子どもを迎えに行く

0歳児　ランチ・おやつの手順

1 ランチ用のエプロンをつける

2 エプロン・タオルを用意して、ランチを配膳する

3 1人目の子どもを迎えに行く

4 椅子をひく

5 ランチが見えるように前向きに抱っこして椅子に座る

6 エプロンをつける

7 タオルで手を拭く

8 消毒をする

9 「いただきます」の挨拶をする

10 一口食べるのを援助する

第 3 章 ● きんこう保育園の担当制保育

《食べ終わった後》

⑪ 次の子どものエプロン・タオルを用意し、ランチを配膳する

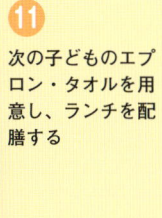

⑫ 次の子どもを迎えに行く

⑬ 1人ずつ食事の援助をする

⑭ 食べ終えたら、タオルで手と口の周りを拭く

⑮ エプロンを外す

⑯ エプロン・タオルを一緒に丸める

⑰ 「ごちそうさま」の挨拶をする

⑱ 椅子から下ろし、椅子をなおし、遊びのスペースに連れていく

0歳 0歳児の環境構成

部屋の全体図
あそびのスペースとランチスペースを柵とカラーボックスを使って分けている。
左側のガラスからは、午睡室の様子が見える

子どもの荷物ロッカー
荷物を入れるかごには、顔写真と名前、個人のマークが貼ってある

グループ分けがひと目見て分かるように、子どもの顔写真と職員の写真をグループごとに貼っている。年度途中で、月齢の高い子どもを中心に1歳児のクラスへ移動することを配慮し、生活リズムによって2グループに分けた後、月齢で分けている

お部屋に親子で撮った写真を飾っておくことで、子どもが安心感を得ることができる

第 3 章 きんこう保育園の担当制保育

登園した子どものかばんから、育児日記、エプロン、タオル、水筒を出し、それぞれかごに分けて入れている

グループごとにかごを用意している

くすり入れとくすりのボード。子どもの名前が貼ってあり、くすりを持参した際には連絡票を確認後、名前のところにくすりを入れている。くすりのボードにはくすりがある子どもの名前を貼り、投薬後にはがすことで二重チェックができるようにしている

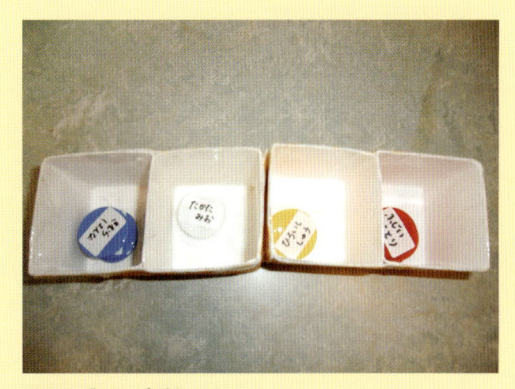

磁石はグループごとに分けている

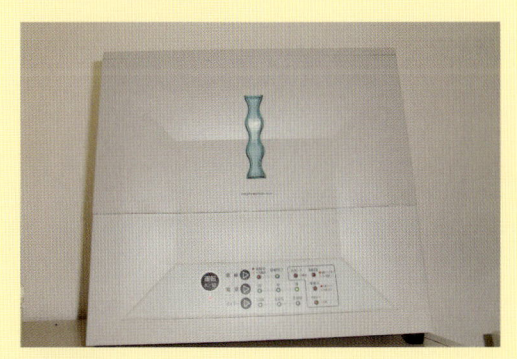

空気清浄機

①ランチスペース

園庭を眺めながらランチを食べている

stokke社の「トリップトラップ」という椅子
子どもたちの背や足に合わせて調節ができ、正しい姿勢で座ることができる

おしぼりを作る機械
手や鼻水を拭く時も温かく、子どもも嫌がることなく使っている

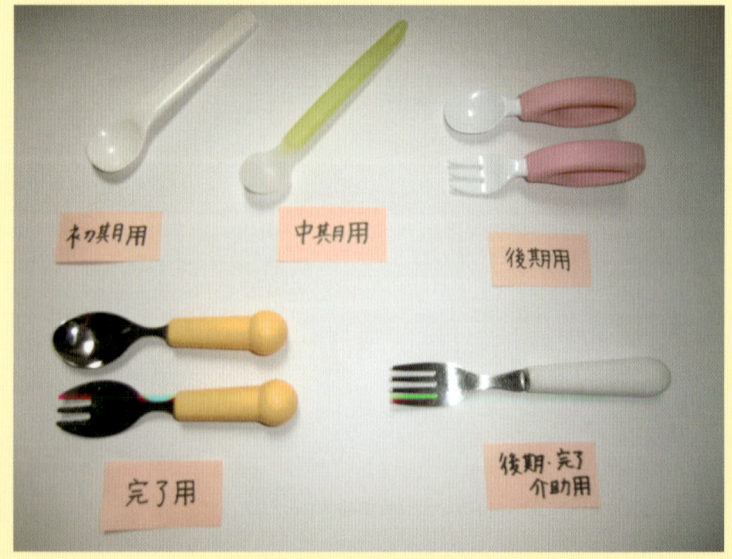

ランチの時に使用するスプーン
初期～完了までの発達に合ったスプーンやフォークを使っている。左上から、初期用、中期用、後期用、完了用、後期・完了介助用

②排泄スペース

おむつ交換スペース

右側には布おむつとタオルがあり、左奥にはおしり拭きを温める機械がある

便が出たときには、毎回浴槽でおしりを洗っている。沐浴も行う

紙おむつ入れ
取りやすいように1人数枚ずつケースに入れてある

不快感がわかりやすく、たびたびおむつを替えることで、保育者とのかかわりも増えるため、布おむつを使用。サイズごとにかごに入れておき、一人ひとりに合ったサイズのものを使っている

業者からリースしているものなので、使用した枚数をホワイトボードに記録している

紙おむつや布おむつはふたのついた容器の中に入れている。匂いや細菌の感染も防ぐことができる

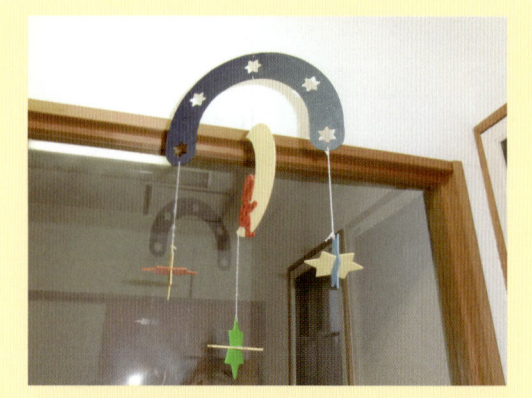

おむつを替える場所にモビールがつるしてあり、子どもたちが見て楽しんでいる

③あそびのスペース ・・・・・・・・・・・・・・・・・・・・・・・・・・・・・・・・・・・・・

おもちゃの棚
好きなおもちゃを選んで遊ぶ

このように写真を貼ることで、子どもたちにも、片付ける場所がわかりやすくしている

左はソファー、右は授乳椅子

鏡
自分の顔をのぞき込んだり、鏡越しにお友だちと顔を見合わせて遊ぶ

④午睡スペース

午睡スペース
左奥のガラスの向こうは、ご老人のデイケアサービスの場所になっており、子どもたちの姿を見ていただくことができる

月齢が低い子どもたちのベッド
右上には、青虫のおもちゃがついていて、目が覚めた子どもたちが興味を持って遊んでいる

自分で座ったり、つかまり立ちの出来るようになった子どもたちのベッド
天蓋がついているので、子どもたちはより安心して眠れる

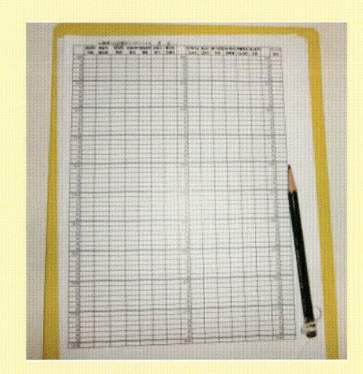

睡眠10分間チェックシート
乳児の突然死を防ぐために行っている

⑤キッチンスペース

おしぼりを温める保温器
殺菌効果もある

使用した哺乳瓶を殺菌消毒する機械

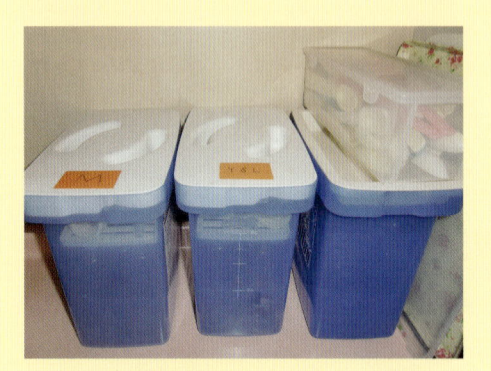

殺菌消毒した哺乳瓶をこの中に入れて、保管しておく。乳首は分かりやすいようにサイズごとに分けて入れている

ミルクの作り方と子どもの飲む種類を、どの職員にもわかるように書いてある

1歳 1歳児保育室のデザイン

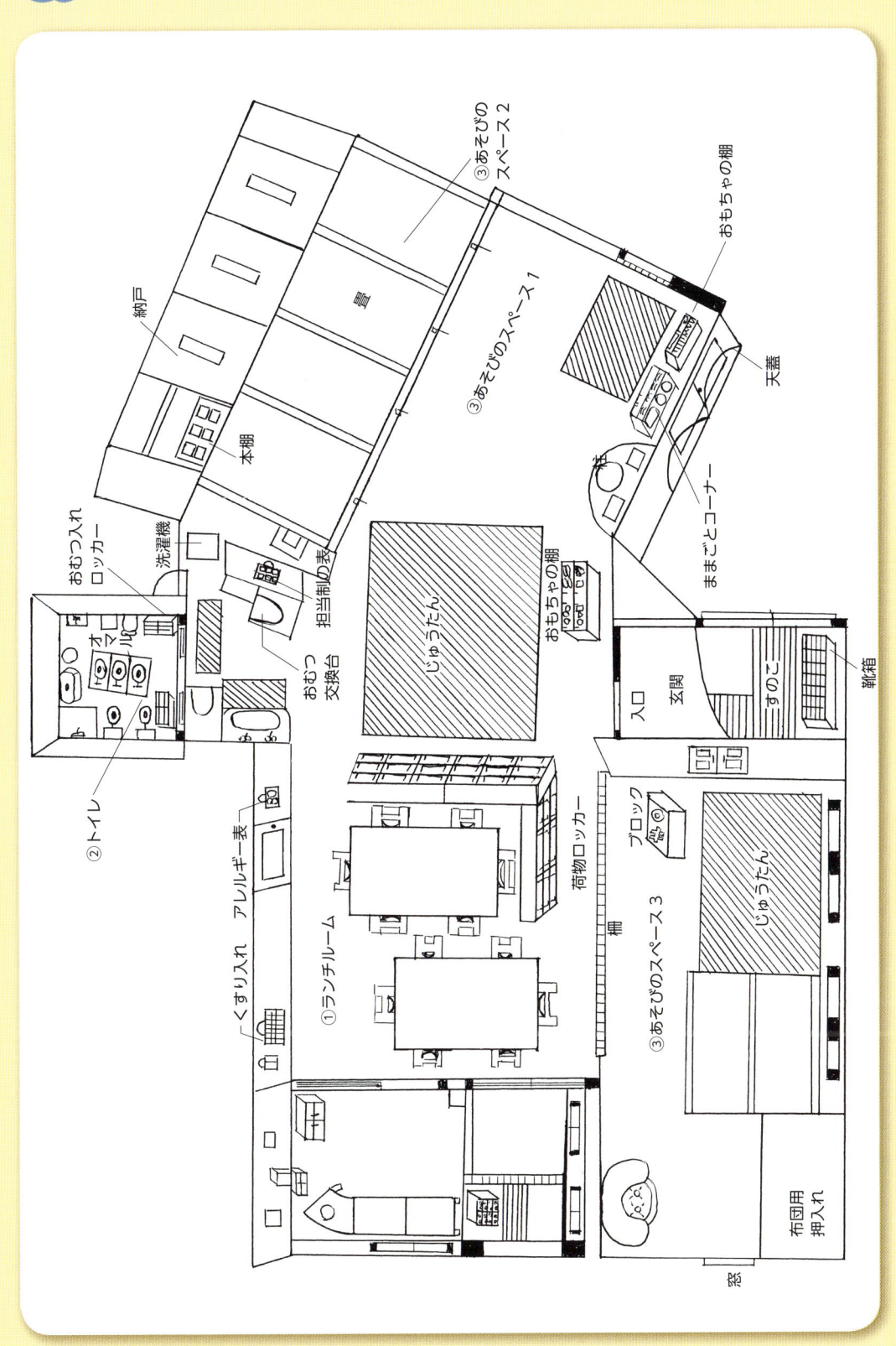

1歳 1歳児 一日の流れ

p.89-96 の表の見方

1 グループ分けと担当職員

＊表内の1～4はグループ番号、①～⑤は各担当職員・スタッフ、色分けは下記グループカラー、色●は各グループの子どもの動き

1 グループ
職員①　　子ども●（6人）

2 グループ
職員②　　子ども●（6人）

3 グループ
職員③　　子ども●（6人）

4 グループ
職員④　　子ども●（6人）

スタッフ⑤
スタッフ⑤

おおまかな一日の流れ

時間	子どもの動き	
7：00	順次登園（荷物整理・検温・視診）	早出の職員が子どもを見る
9：00	排泄	担当制保育
9：30	朝のおやつ	
	排泄	
10：00	午前中の活動（戸外遊び・室内遊び・製作など）	
	排泄	
11：30	ランチ	
	午睡	
14：40	排泄	
15：00	昼のおやつ	
	排泄	
15：40	サークルタイム	
16：00	室内遊び	
	順次降園	
19：30		遅出の職員が子どもを見る

2 アイコンの見方

登園後、トイレトレーニングの状況に応じて、紙パンツや紙おむつからトレーニングパンツや布おむつに、降園前はその逆に変える。1人ずつ順番に、排泄に誘い、必要に応じて排泄の援助をする

お部屋遊びを見守る

机の上に、おやつ・エプロン・タオルを並べ、1人ずつ順番に迎えに行き、おやつに誘う

グループごとにお庭遊び。けがのないように見守りながら、一緒に遊びを楽しむ

エプロン、タオルを並べ、1人ずつ順番にランチに誘う。食べはじめるまで見守り、次の子どもを迎えに行く

午睡の援助

お庭遊びの前に帽子をかぶらせる

第 3 章 ● きんこう保育園の担当制保育

＊アイコンは各職員、スタッフの行う内容

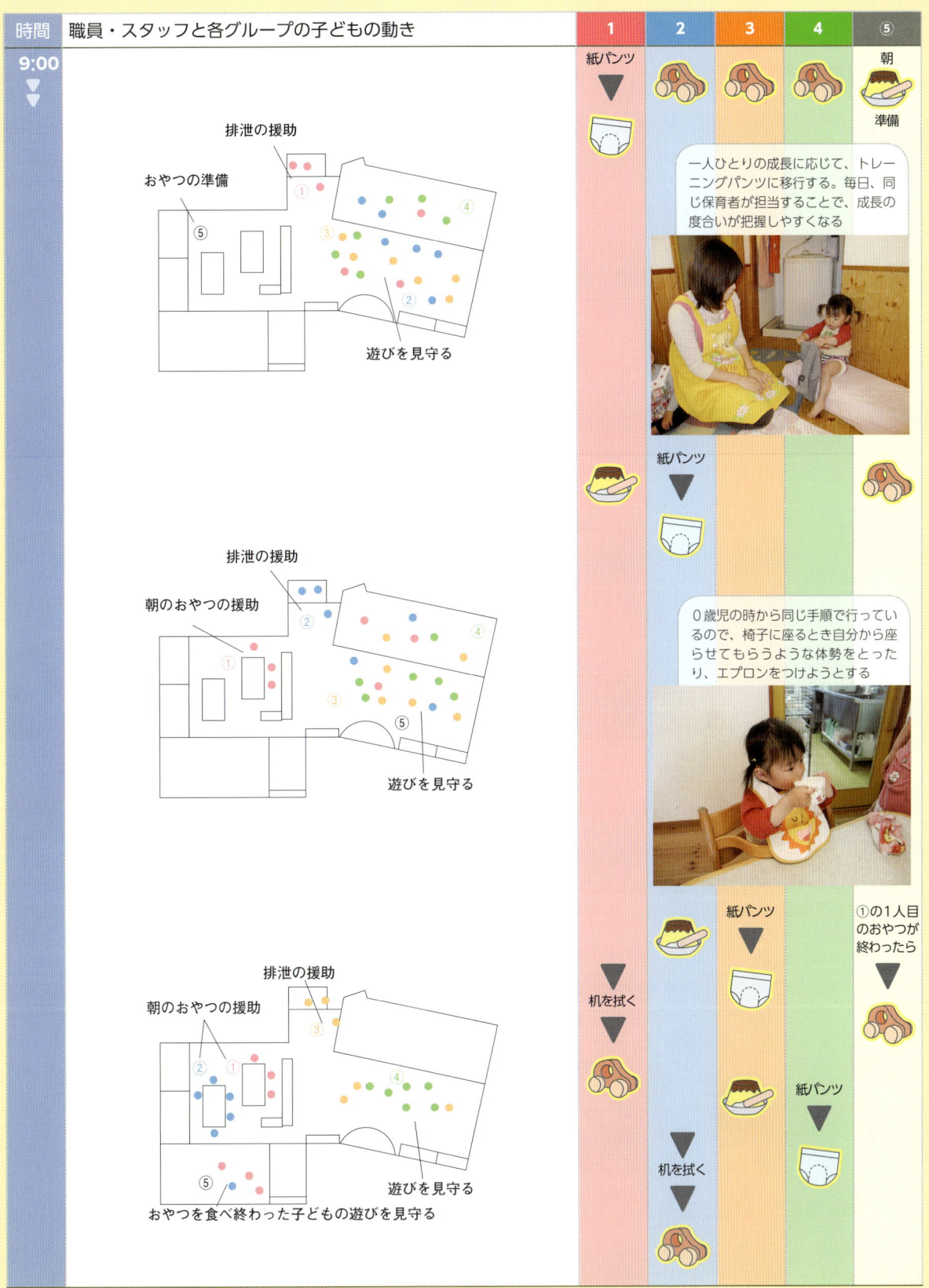

時間	職員・スタッフと各グループの子どもの動き	1	2	3	4	⑤
9:00 ▼		紙パンツ ▼ 👖	🚗	🚗	🚗	朝準備 🍮

排泄の援助
おやつの準備
遊びを見守る

一人ひとりの成長に応じて、トレーニングパンツに移行する。毎日、同じ保育者が担当することで、成長の度合いが把握しやすくなる

排泄の援助
朝のおやつの援助
遊びを見守る

| | 🍮 ▼ 紙パンツ ▼ 👖 | | | | 🚗 |

0歳児の時から同じ手順で行っているので、椅子に座るとき自分から座らせてもらうような体勢をとったり、エプロンをつけようとする

排泄の援助
朝のおやつの援助
遊びを見守る
おやつを食べ終わった子どもの遊びを見守る

| | 机を拭く ▼ 🚗 ▼ 机を拭く ▼ 🚗 | 🍮 ▼ 紙パンツ ▼ 👖 | 紙パンツ ▼ 👖 | | ①の1人目のおやつが終わったら ▼ 🚗 |

89

時間	職員・スタッフと各グループの子どもの動き	1	2	3	4	⑤

9:40

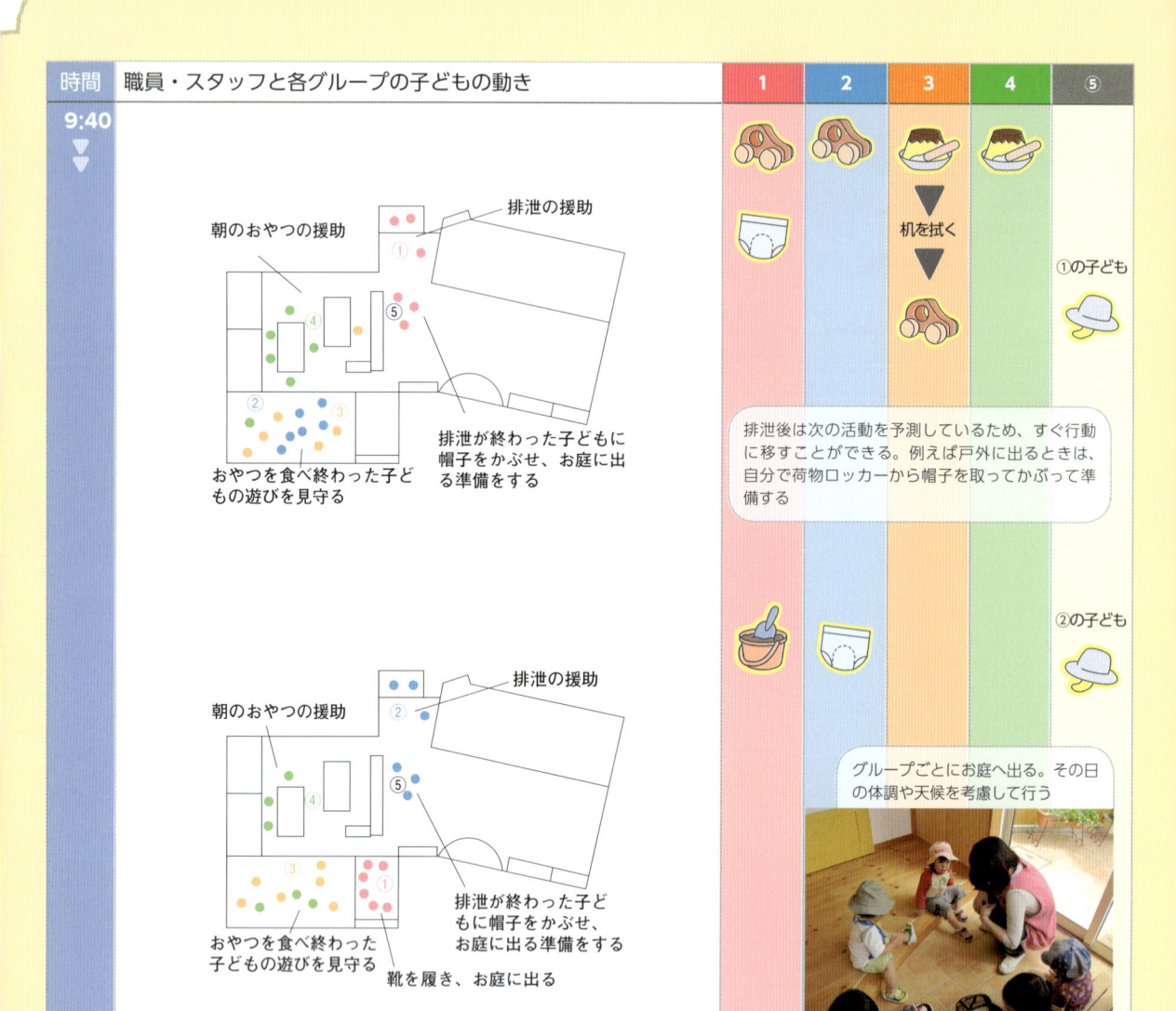

朝のおやつの援助

排泄の援助

排泄が終わった子どもに帽子をかぶせ、お庭に出る準備をする

おやつを食べ終わった子どもの遊びを見守る

朝のおやつの援助

排泄の援助

排泄が終わった子どもに帽子をかぶせ、お庭に出る準備をする

おやつを食べ終わった子どもの遊びを見守る

靴を履き、お庭に出る

机を拭く

排泄後は次の活動を予測しているため、すぐ行動に移すことができる。例えば戸外に出るときは、自分で荷物ロッカーから帽子を取ってかぶって準備する

①の子ども

②の子ども

グループごとにお庭へ出る。その日の体調や天候を考慮して行う

食べ終わった子どもから遊びのスペースに連れていく。全員が終わったら、机を拭き、遊びのスペースでお部屋遊びを見守る。順に、次のグループがおやつに入る

担当の保育者が排泄用のエプロンに着替えると、トイレに行くことがわかり、同じグループのお友達が誘われている姿を見て、自分からトイレに行こうとする

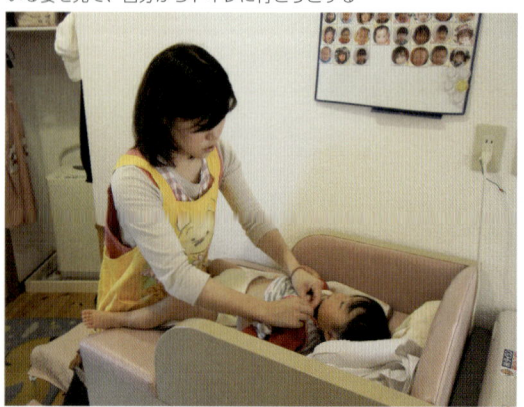

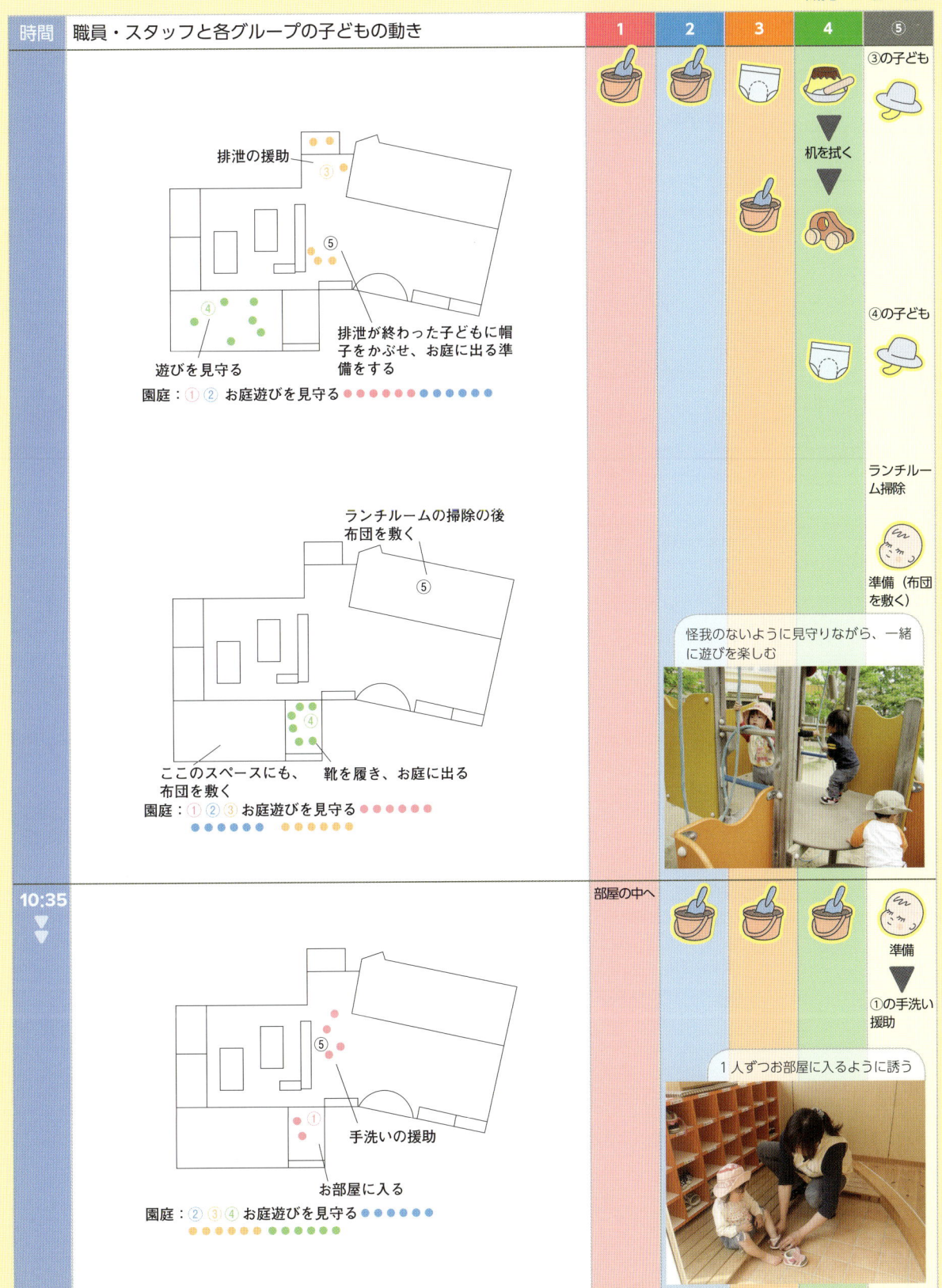

第3章 きんこう保育園の担当制保育

1歳児　一日の流れ

時間	職員・スタッフと各グループの子どもの動き	①	②	③	④	⑤
	排泄の援助 ③ ⑤ ④ 遊びを見守る 排泄が終わった子どもに帽子をかぶせ、お庭に出る準備をする 園庭：①②　お庭遊びを見守る●●●●●●●●●●	🪣	🪣	👶	🍮 ▼ 机を拭く ▼ 🚗	③の子ども 🎩 ④の子ども 🎩 ランチルーム掃除 😴 準備（布団を敷く）
	ランチルームの掃除の後布団を敷く ⑤ ④ ここのスペースにも、布団を敷く　靴を履き、お庭に出る 園庭：①②③　お庭遊びを見守る●●●●●● ●●●●●●				👶	怪我のないように見守りながら、一緒に遊びを楽しむ
10:35 ▼	⑤ ① 手洗いの援助 お部屋に入る 園庭：②③④　お庭遊びを見守る●●●●●	部屋の中へ	🪣	🪣	🪣	😴 準備 ▼ ①の手洗い援助 1人ずつお部屋に入るように誘う

91

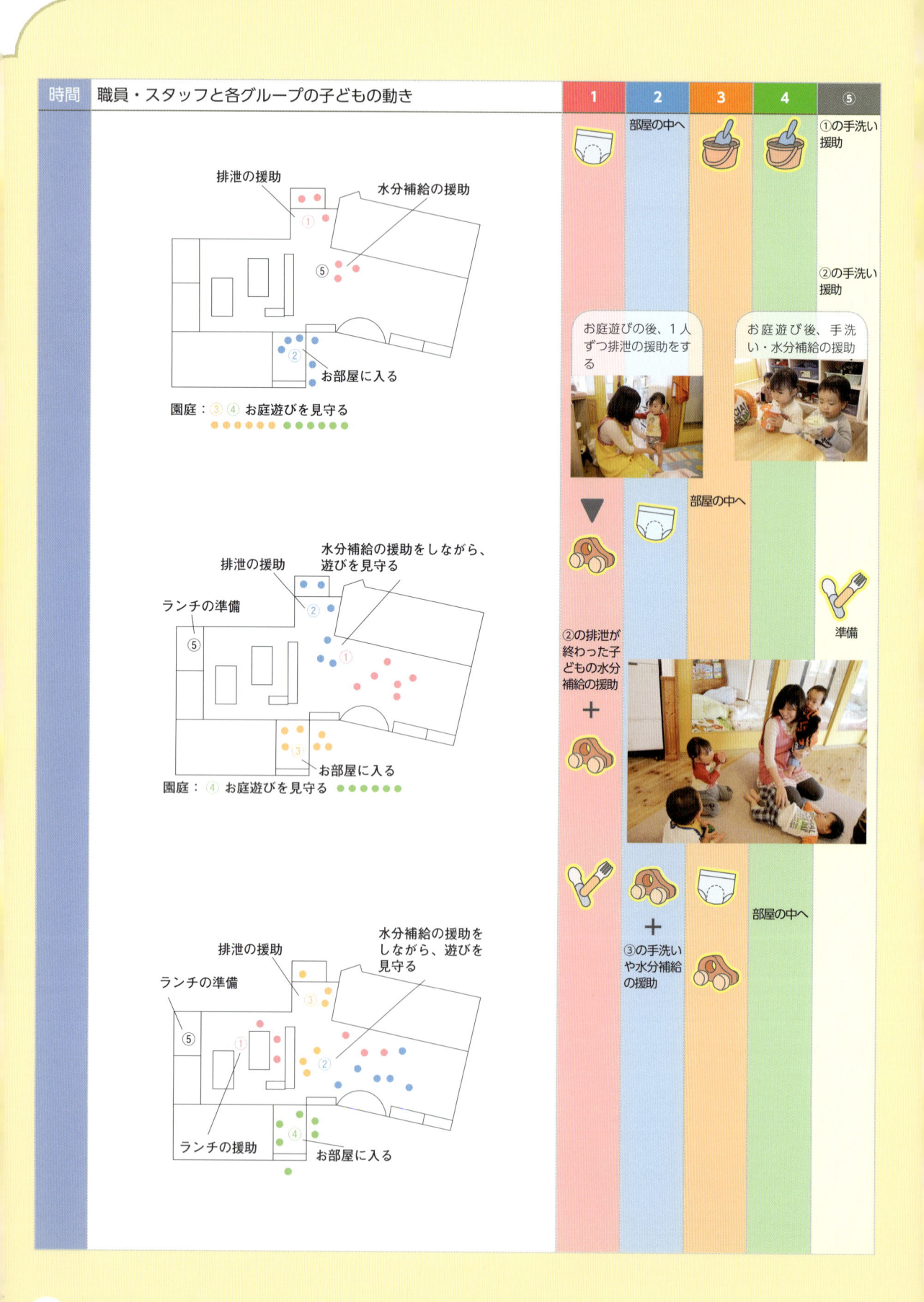

時間	職員・スタッフと各グループの子どもの動き	1	2	3	4	⑤
		🩲	部屋の中へ	🍵	🍵	①の手洗い援助
						②の手洗い援助

[上段の図]
- 排泄の援助 ①
- 水分補給の援助 ⑤
- ② お部屋に入る
- 園庭：③ ④ お庭遊びを見守る

1列目コメント：お庭遊びの後、1人ずつ排泄の援助をする
4列目コメント：お庭遊び後、手洗い・水分補給の援助

▼ 🩲 部屋の中へ

[中段の図]
- 排泄の援助 ②
- 水分補給の援助をしながら、遊びを見守る
- ランチの準備 ⑤
- ① ③ お部屋に入る
- 園庭：④ お庭遊びを見守る

1列目：②の排泄が終わった子どもの水分補給の援助 + 🚗
5列目：🍴 準備

[下段の図]
- 排泄の援助 ③
- 水分補給の援助をしながら、遊びを見守る
- ランチの準備 ⑤
- ① ②
- ランチの援助 ④ お部屋に入る

1列目：🍴 + 🚗
2列目：🚗
3列目：🩲 ③の手洗いや水分補給の援助
4列目：部屋の中へ

第3章 きんこう保育園の担当制保育

1歳児 一日の流れ

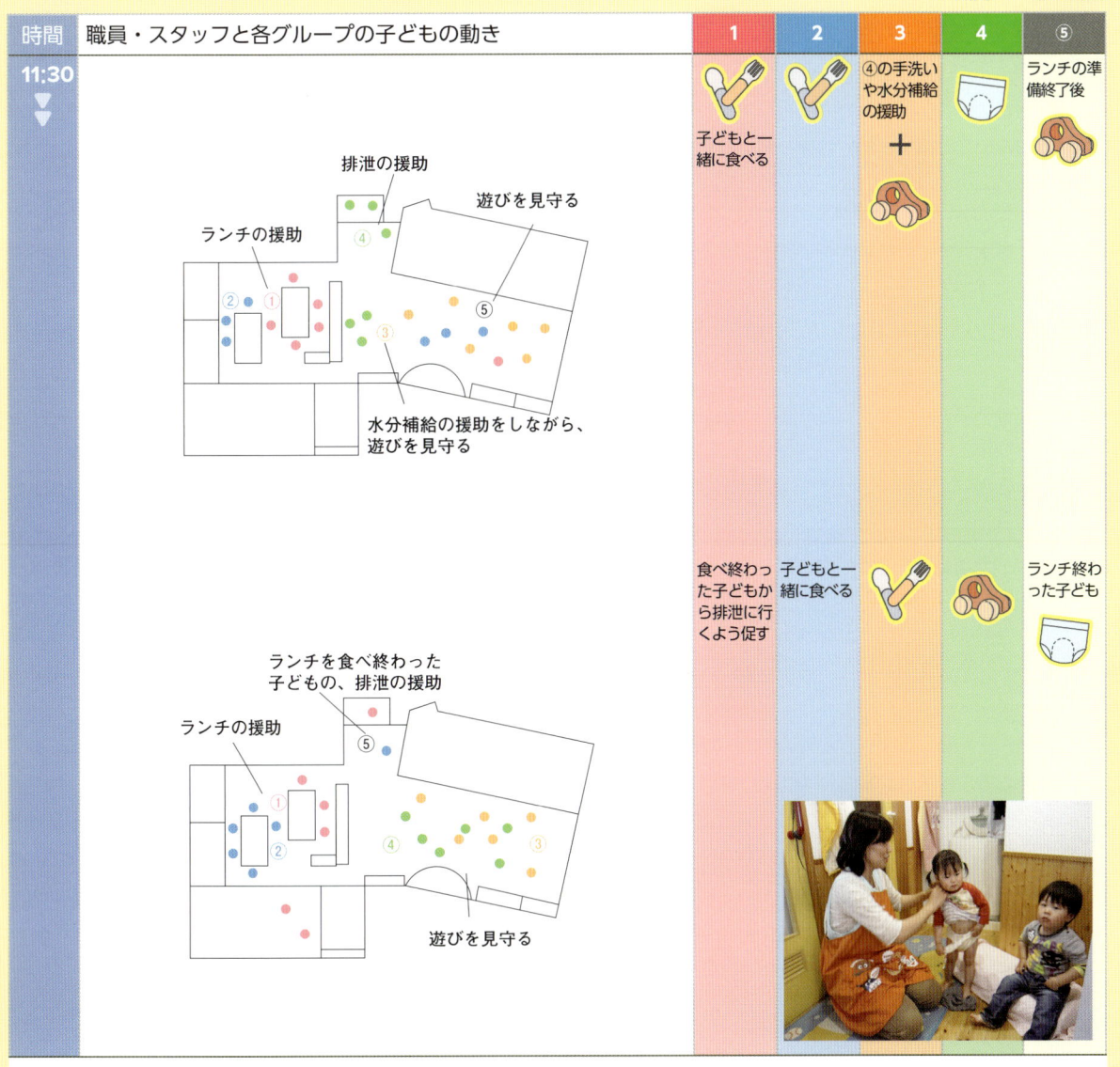

時間	職員・スタッフと各グループの子どもの動き	1	2	3	4	⑤
11:30	ランチの援助／排泄の援助／遊びを見守る／水分補給の援助をしながら、遊びを見守る	子どもと一緒に食べる	子どもと一緒に食べる	④の手洗いや水分補給の援助 ＋		ランチの準備終了後
	ランチの援助／ランチを食べ終わった子どもの、排泄の援助／遊びを見守る	食べ終わった子どもから排泄に行くよう促す	子どもと一緒に食べる			ランチ終わった子ども

ランチ、エプロン、タオルを並べて、1人ずつ順番にランチに誘う。食べ始めるまで見守り、次の子どもを迎えに行く。机に5人座ったら子どもと一緒に食べる

担当の保育者と目が合うと、自分から手洗い場に向かう姿がみられる。食べ終わったときには、自分で手と口を拭き、エプロンを外して片付けられるようになる

93

時間	職員・スタッフと各グループの子どもの動き	1	2	3	4	⑤
12:00 ▼▼	ランチを食べ終わった子どもの、排泄の援助 ランチの援助 午睡の援助 午睡の援助 ランチの片付け 午睡の援助 検温・視診	全員が食べ終わり次第机を拭く ▼	終わった子どもから排泄に行くよう促す 全員が食べ終わり次第、机を拭く ▼	子どもと一緒に食べる 終わった子どもから排泄に行くよう促す 全員が食べ終わり次第、机を拭く ▼	子どもと一緒に食べる 終わった子どもから排泄に行くよう促す 全員が食べ終わり次第、机を拭く ▼	①②の ランチルーム掃除

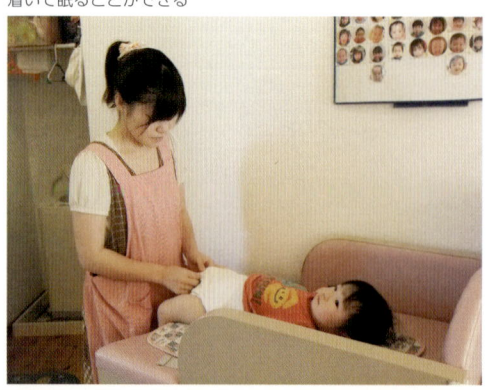

そばで子どもたちを寝かしつけることはしない。(なかなか寝つけない子どもは、体をさすったりする)

ランチ後排泄をすませると、自分から布団に行き、落ち着いて眠ることができる

机に、おやつ、エプロン、タオルを並べ、1人ずつ順番におやつに誘う

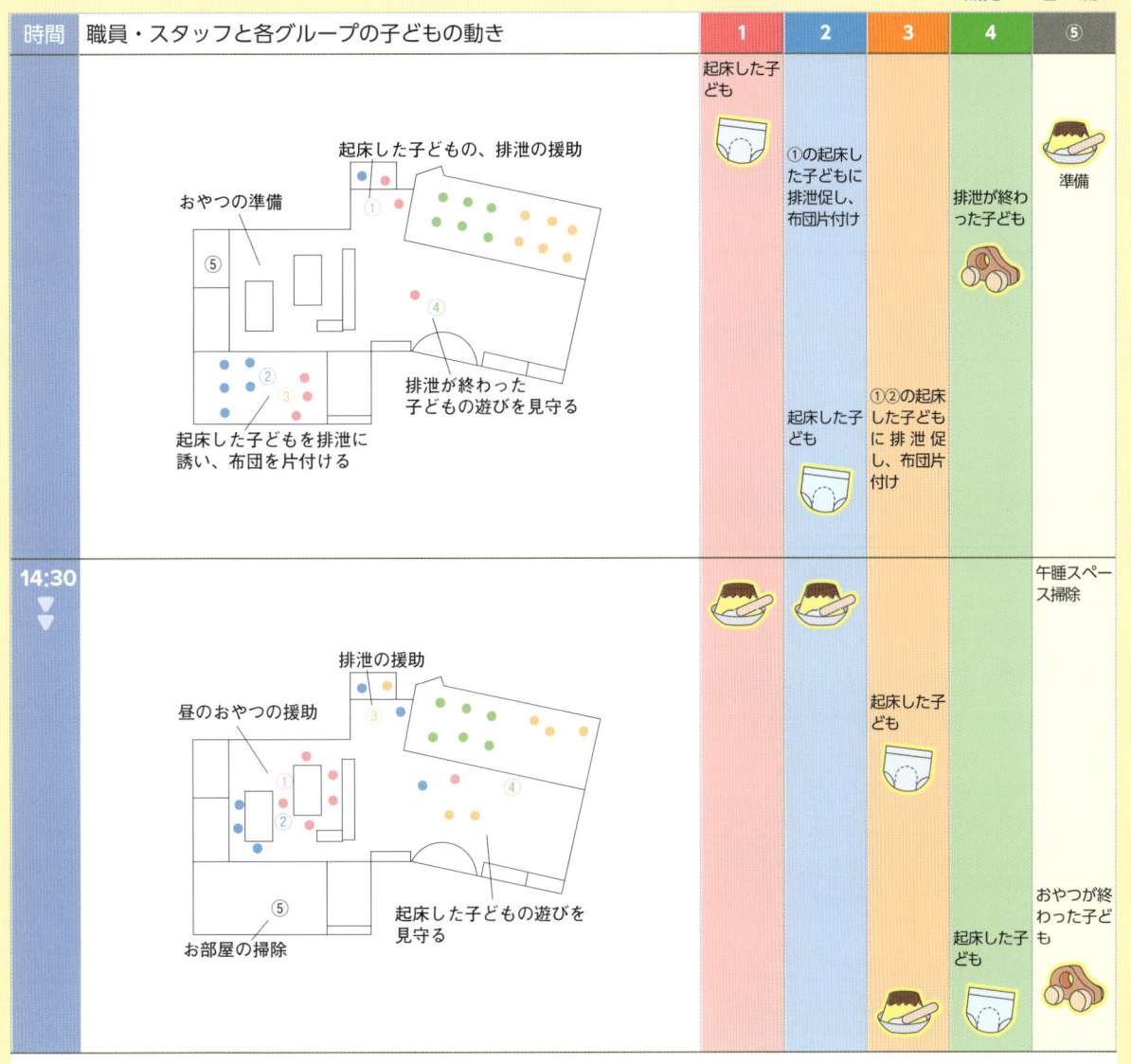

第3章 きんこう保育園の担当制保育

1歳児　一日の流れ

時間	職員・スタッフと各グループの子どもの動き	1	2	3	4	⑤
	おやつの準備／起床した子どもの、排泄の援助／起床した子どもを排泄に誘い、布団を片付ける／排泄が終わった子どもの遊びを見守る	起床した子ども	①の起床した子どもに排泄促し、布団片付け／起床した子ども	①②の起床した子どもに排泄促し、布団片付け	排泄が終わった子ども	準備
14:30 ▼▼	昼のおやつの援助／排泄の援助／起床した子どもの遊びを見守る／お部屋の掃除			起床した子ども	起床した子ども	午睡スペース掃除／おやつが終わった子ども

おやつの援助

ほぼ全員が食べ終わり次第、③の保育者と交替し、遊びのスペースに行き、遊びを見守る

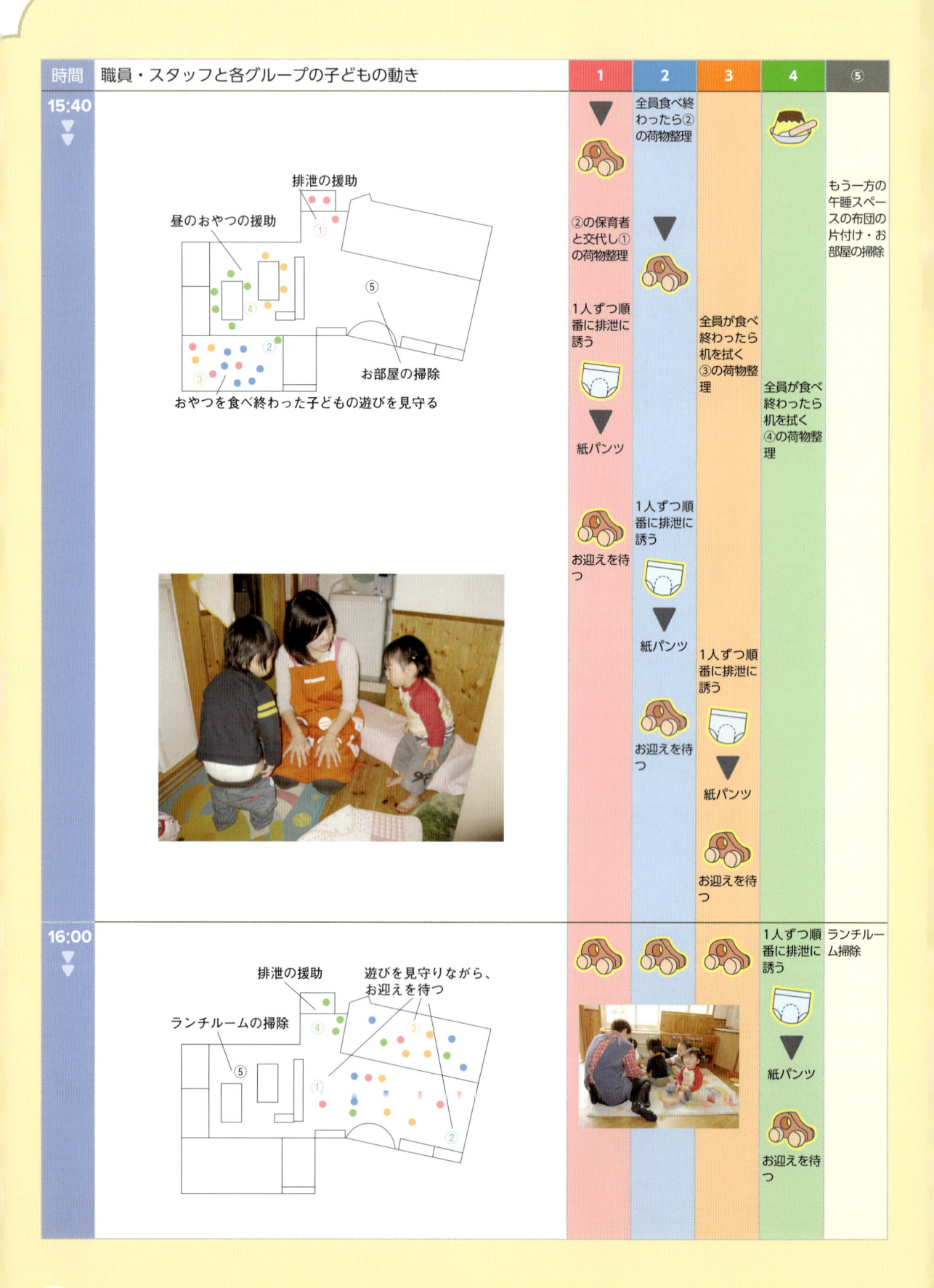

時間	職員・スタッフと各グループの子どもの動き	1	2	3	4	⑤
15:40	排泄の援助 昼のおやつの援助 ① ④ ② ③ お部屋の掃除 おやつを食べ終わった子どもの遊びを見守る	▼ ②の保育者と交代し①の荷物整理 ▼ 1人ずつ順番に排泄に誘う 紙パンツ ▼ お迎えを待つ	全員食べ終わったら②の荷物整理 ▼ 1人ずつ順番に排泄に誘う 紙パンツ	全員が食べ終わったら机を拭く ③の荷物整理 1人ずつ順番に排泄に誘う 紙パンツ ▼ お迎えを待つ	全員が食べ終わったら机を拭く ④の荷物整理	もう一方の午睡スペースの布団の片付け・お部屋の掃除
16:00	ランチルームの掃除 ⑤ 排泄の援助 ④ ① ② 遊びを見守りながら、お迎えを待つ ③			1人ずつ順番に排泄に誘う 紙パンツ ▼ お迎えを待つ	ランチルーム掃除

96

第 3 章　きんこう保育園の担当制保育

1 歳児　トイレの手順

1 トイレ用のエプロンをつける

2 1 人目の子どもを迎えに行く

3 ズボンを脱がせる

4 トイレに座わらせる

5 2 人目の子どもを迎えに行く

6 ズボンを脱がせる。自分で脱げる子どもは必要に応じて援助する

7 トイレに座らせる

8 3 人目の子どもを迎えに行く

9 ズボンを脱がせる

10 トイレに座らせる

1歳児　ランチ・おやつの手順

❶ ランチ用のエプロンをつける

❷ 1人目の子どものランチ・エプロン・タオルを準備する

❸ 子どもを迎えに行く

❹ 手を洗う

❺ ランチが見えるように、前向きに抱っこをして椅子に座る

⓫ 1人目の子どもが終わったら、おむつ替えの場所に連れていく

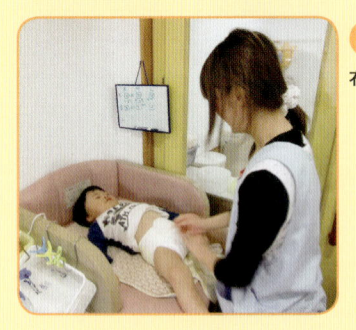

⓬ 布おむつをつける

⓭ 親指を握らせて、子どもが自分の力で起き上がるのを援助する

⓮ 遊びのスペースに戻る

⓯ 4人目の子どもを迎えに行く

98

第3章 きんこう保育園の担当制保育

6 エプロンをつける

7 手の消毒をする

8 「いただきます。」の挨拶をする

9 食べ始めるまで、見守る

10 二人目の子どものランチ・エプロン・タオルを準備する

11 子どもを迎えに行く

これを繰り返し、ひとつの机に5人の子どもが座ってランチを食べる

《食べ終わった後》

1. 手と口をタオルで拭く

2. エプロンをはずす

3. 子どもが自分でエプロンとタオルをまるめる

4. 「ごちそうさまでした。」の挨拶をする

5. 子どもが自分で椅子の背を持ち、片付ける

6. 排泄に行く

第3章　きんこう保育園の担当制保育

1歳　1歳児の環境構成

部屋の全体図。遊びのスペース、ランチのスペース、排泄のスペースに分かれている

子どもの顔写真と職員の写真をグループごとに貼っている

子どもの荷物ロッカー
荷物を入れるかごには、顔写真と名前、個人マークが貼ってある

お部屋に、親子で撮った写真を飾っておくことで、子どもが安心感を得ることができている

グループごとにかごを用意し、登園した子どものかばんから、育児日記・エプロン・タオル・水筒を出し、それぞれのかごに分けて入れている

育児日記、エプロン、水筒などをそれぞれのかごに、分けて入れたところ

くすり入れ
子どもの名前が貼ってあり、くすりを持参した際には連絡票を確認後、名前のところにくすりを入れている

くすりのチェック表
ボードにくすりがある子どもの名前を書き、投薬後に名前を消すことで二重チェックができるようにしている

空気清浄機
年間を通して加湿器を置き、お部屋の温度・湿度に気を配るようにしている

玄関に置かれたランチのサンプル
その日に何を食べたかがわかるようにしている

保育室の入口や天井に、羊毛で作ったモビールを飾ることで、暖かい雰囲気を出し、子どもたちが安心して過ごせるようにしている

天井につりさげられた羊毛のモビール

第 3 章 きんこう保育園の担当制保育

①ランチルーム

ランチルーム

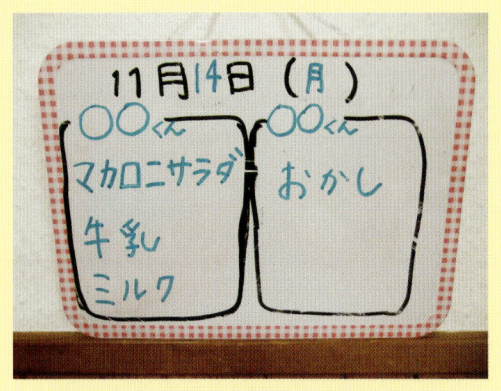

アレルギーのある子どもには除去食で対応している。その日に除去するものを書き、職員全員で把握し、間違えのないようにしている

食べる時間に差があるため、お汁を温めて、いつでも温かいランチが食べられるようにしている

子どものタオルを温める保温器

②トイレ

トイレ

おむつ交換台
布おむつをつけるときには、台の上で行っている

103

便が出たときには、毎回浴槽でおしりを洗っている。沐浴も行う

衣服の着脱の際、子どもたちが座ってできるように台を設置している

不快感がわかりやすく、たびたびおむつを替えるので保育者とのかかわりも増えるため布おむつを使用。一人ひとりに合ったサイズのものを使っている

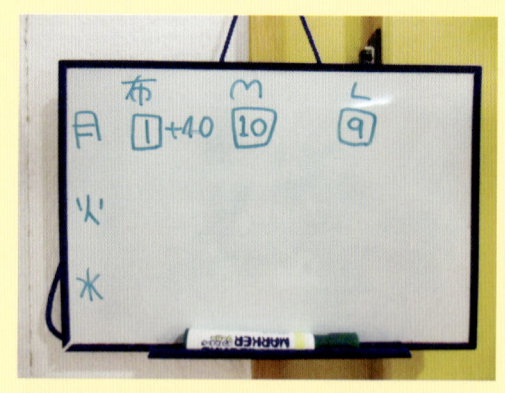

業者からリースしているものなので、使用した枚数をホワイトボードに記録している

紙おむつ入れ
子どもの個人マークを貼り、自分でもわかるようにしている。降園するときは紙おむつに履き替えて帰る

かごで仕切りを作って、2人分入れている

③あそびのスペース１

あそびのスペース

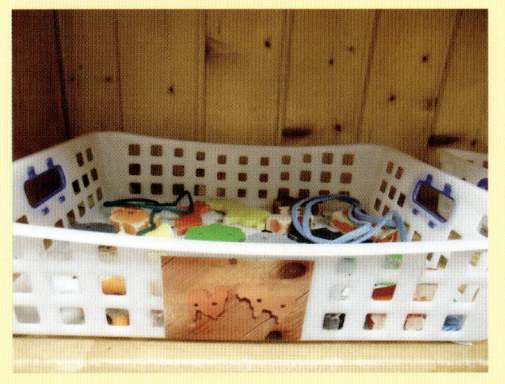

このように写真を貼り、子どもたちに片付ける場所がわかりやすくしてある

おもちゃの棚から好きなおもちゃを選んで遊ぶ

ままごとコーナー

ままごとコーナーの天井には、天蓋をつるしている

③あそびのスペース２

あそびのスペース
午睡時には午睡スペースにもなる

鏡
自分の顔をのぞき込んだり、鏡越しにお友だちと顔を見合わせて遊ぶ

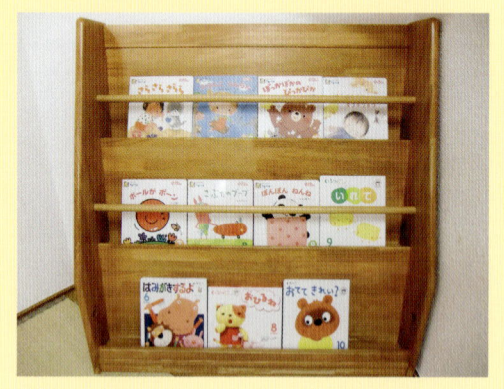

絵本コーナー

③あそびのスペース３

あそびのスペース
午睡時には午睡スペースにもなる

押入れは、布団入れとして活用している

2歳 2歳児保育室のデザイン

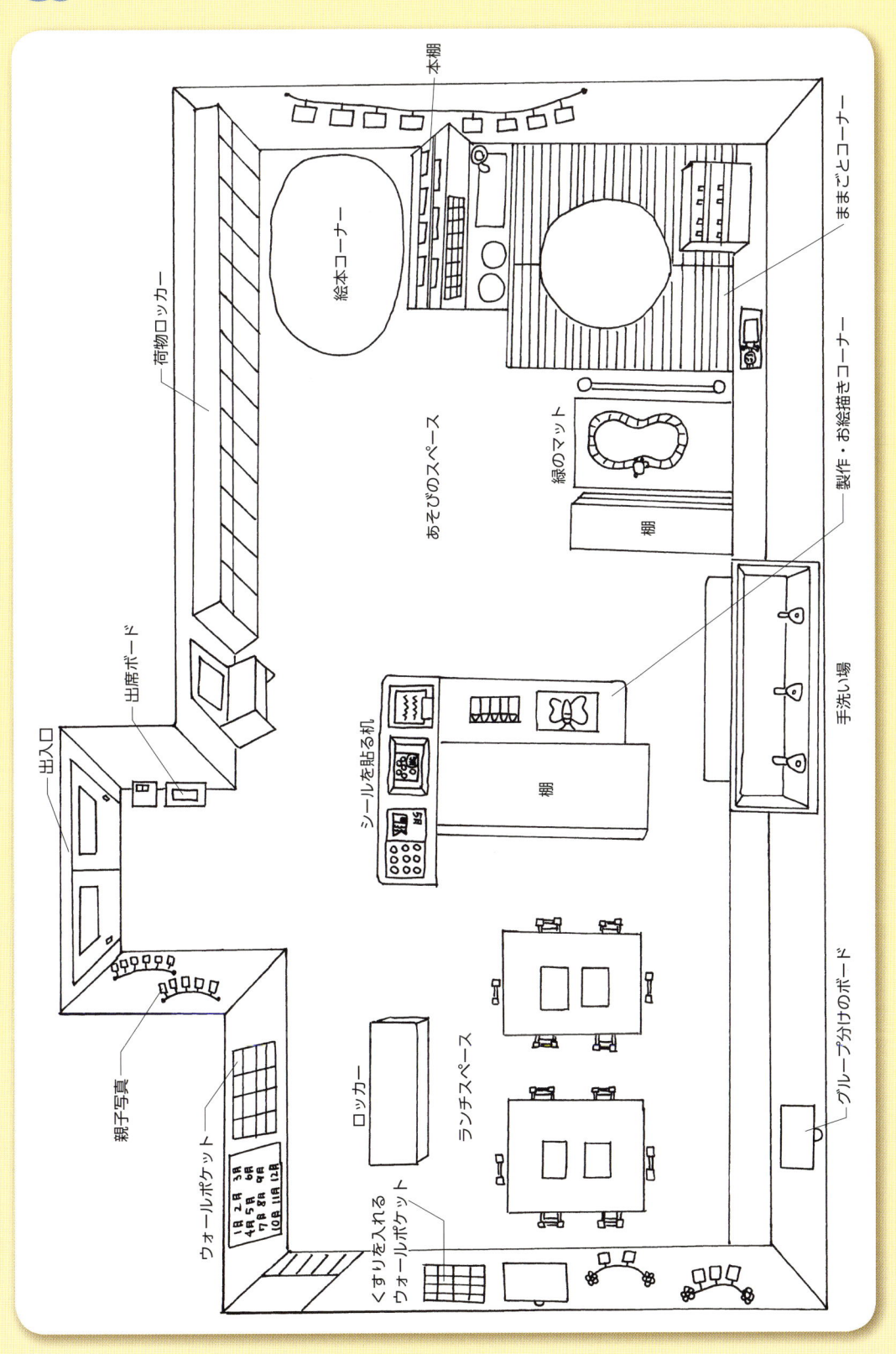

- 本棚
- 絵本コーナー
- 荷物ロッカー
- ままごとコーナー
- 製作・お絵描きコーナー
- 緑のマット
- 棚
- あそびのスペース
- 出席ボード
- 出入口
- シールを貼る机
- 棚
- 手洗い場
- 親子写真
- ウォールポケット
- ロッカー
- ランチスペース
- くすりを入れるウォールポケット
- グループ分けのボード

2歳児　一日の流れ

p.109-116の表の見方

1 グループ分けと担当職員

＊表内の1、2はグループ番号、①、②は各担当職員、色分けは下記グループカラー、色●は各グループの子どもの動き

1グループ

職員①　　子ども●（6人）

2グループ

職員②　　子ども●（7人）

2 アイコンの見方

当園した子どもから排泄に誘い、見守り、難しい所は援助する。トレーニングパンツに履き替える。在園中は2、3人ずつ誘って、**排泄の補助**をする

2、3人ずつ誘い、**おやつ**を食べ始めるまで、見守る

2歳児からは**コーナー遊び**に変わる。好きなコーナー遊びができるよう、遊びに誘ったり、見守ったりする

登園後、降園前に①②合同で行う。おやつ・排泄を終えた子どもたちから保育者と一緒に**サークルタイム**の準備をする。後から来る子どもにも自分で椅子を持ってくるよう促す

お庭遊びを見守る。室内への出入りの前後、帽子をかぶったり、手洗い、水分補給などの補助をする

準備が出来たら、食べたい子どもから2、3人ずつ**ランチ**に誘い、食べ始めるまで見守る。食べ始めたら、次の子どもたちを誘いに行く

排泄が終わったら子どもたちは自分で自分の布団へ行くので、**午睡**を見守る

おおまかな一日の流れ

時間	子どもの動き	
7：00	順次登園 （自分で荷物の整理） （検温・視診） 排泄	早出の職員が子どもを見る
9：00	朝のおやつ 排泄	担当制保育
10：00	サークルタイム	
10：10	午前中の活動 （戸外遊び・室内遊び・製作など） 排泄	
11：30	ランチ	
12：30	午睡	
14：30	排泄	
15：00	昼のおやつ 排泄	
15：40	サークルタイム	
16：00	順次降園	
19：30		遅出の職員が子どもを見る

第3章 きんこう保育園の担当制保育

＊アイコンは各職員が行う内容

時間	職員と各グループの子どもの動き	1	2

9:00

1 準備

当園した子どもから排泄に誘い、見守り、難しい所は援助する。トレーニングパンツに履き替える

コーナー遊びを見守る ②

排泄の援助 ①

コーナー遊びにも気を配りながら、手洗い、おやつを食べるところを見守る ①

自分で服の袖をまくってから手を洗い、おやつの席につく

排泄の援助 ②

コーナー遊びにも気を配りながら、手洗い、おやつを食べるところを見守る ②

排泄の援助 ①

109

時間	職員と各グループの子どもの動き	1	2
10:00		の準備	

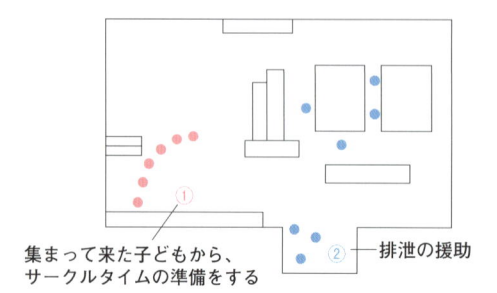

集まって来た子どもから、サークルタイムの準備をする

② 排泄の援助

グループの排泄が終わり次第、サークルタイムの準備をする。子どもたちが自分でいすを運び、円を作って座るのを見守る

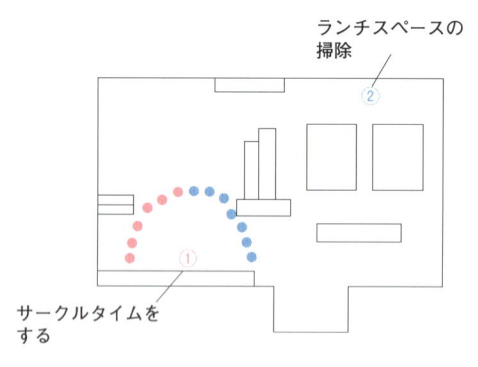

ランチスペースの掃除

サークルタイムをする

の片付け

サークルタイムを始める。子どもたちは自分で持ってきた椅子に座り、お友だちや保育者とお話をしたり手遊びを楽しむ

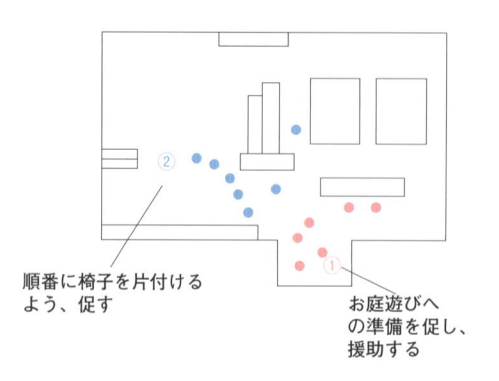

順番に椅子を片付けるよう、促す

お庭遊びへの準備を促し、援助する

の準備を促す  / の準備を促す

①グループから順番に椅子を元の位置に片付けるよう促し、帽子をかぶるよう伝え、お庭に出る準備をする

第 3 章 ● きんこう保育園の担当制保育

2 歳児　一日の流れ

時間	職員と各グループの子どもの動き	1	2
10:10	園庭：① お庭遊びを見守る お庭遊びへの準備を促し、援助する	体調や天候を見てお庭で遊ぶ	
10:55	園庭：① ② お庭遊びを見守る 手洗いを促し、援助する 園庭：② お庭遊びを見守る	①の子どもを室内へ 帽子の片付け、手洗いを促す	階段には子どもたちが持ちやすいように、2つの高さの手すりがついており、子どもたちは自分で手すりを持って上り下りする ②の子どもを室内へ

時間	職員と各グループの子どもの動き	1	2
	手洗いを促し、援助する 排泄の援助		帽子の片付け、手洗いを促す
11:00	コーナー遊びを見守る 排泄の援助	好きな場所でコーナー遊びができるよう、遊びに誘ったり、見守ったりする。排泄が終わった②グループの子どもも一緒に見守る	の準備 ①の保育者と交替
	ランチに誘い、食べ始めるまで見守る コーナー遊びを見守る	ランチの準備ができたからと、一斉に片付けて遊びを中断させるのではなく、食べたい子どもから片付けをしてランチを食べるようにすると、お腹がすいた子どもたちから自分で片付けを始めて、ランチスペースに来る	

第3章 きんこう保育園の担当制保育

2歳児 一日の流れ

時間	職員と各グループの子どもの動き	1	2
	ランチに誘い、食べ始めるまで見守る / ①グループの子どもが食べ始めたら、一緒に食べながら見守る	①の子どもたちが全員食べはじめたら、保育者も一緒に食べながら見守る	フォークの持ち方やお皿の持ち方など、マナーについても一人ずつ丁寧に指導しながら食事する
	一緒にランチを食べながら、両テーブルを見守る / 排泄の援助	食べ終わった子どもから	②の子どもたちが全員食べはじめたら、保育者も一緒に食べながら見守る（まだ食べている①グループの子どもも一緒に見守る）食べ終わった子どもから
	午睡を見守る / 排泄の援助		0、1歳児からの毎日の生活の積み重ねで、子どもたちは自分で自分の布団を見つけて横になり、眠りにつく。保育者は子どもを寝かしつけるのではなく、傍で見守る

113

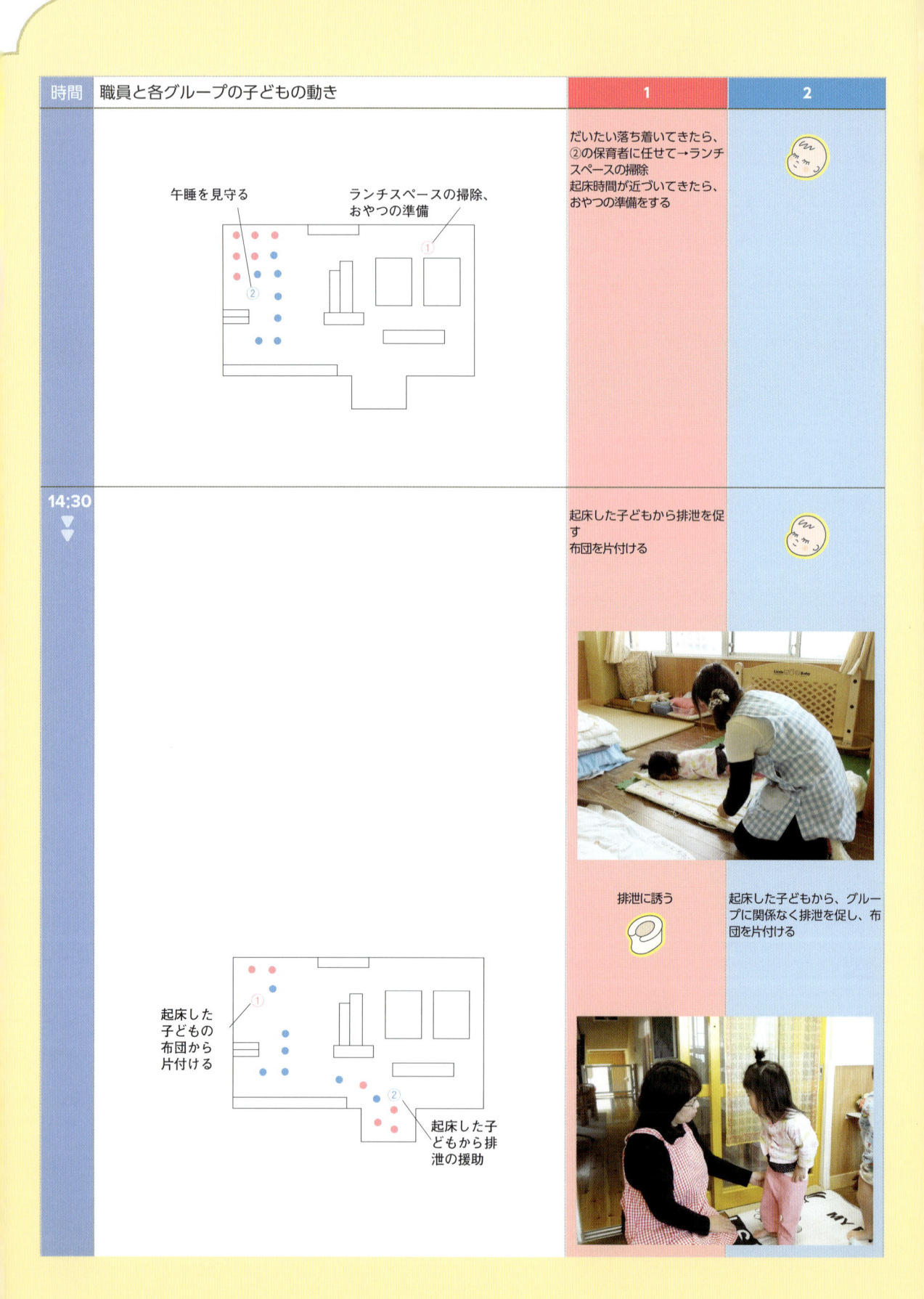

時間	職員と各グループの子どもの動き	1	2
	午睡を見守る　ランチスペースの掃除、おやつの準備	だいたい落ち着いてきたら、②の保育者に任せて→ランチスペースの掃除 起床時間が近づいてきたら、おやつの準備をする	ねんねこ
14:30 ▽▽		起床した子どもから排泄を促す 布団を片付ける	ねんねこ
	起床した子どもの布団から片付ける　起床した子どもから排泄の援助	排泄に誘う	起床した子どもから、グループに関係なく排泄を促し、布団を片付ける

第3章 きんこう保育園の担当制保育

2歳児　一日の流れ

時間	職員と各グループの子どもの動き	1	2
15:00 ▼		🍮	🚽

排泄を終えた子どもの、おやつの援助

排泄の援助

排泄を終えた子どもからおやつに誘い、食べ始めるまで見守る

遊びのスペースの掃除をしながら、おやつを食べている子どもたちの様子を見守る

▶ 🍮 まだ食べていない子どもをおやつに誘い、①②グループ共に見守る

遊びのスペースの掃除

排泄の援助

🪑 準備

🍮 子どもたちの様子を見守り、食べ終わった子どもをサークルタイムへ誘導

おやつを食べるのを見守る

食べ終わった子どもから、サークルタイムをする

2、3人が食べ終わったら、まず保育者が椅子を持ってサークルタイムの準備をする。食べ終わった子どもたちに椅子を持ってくるよう、促す

115

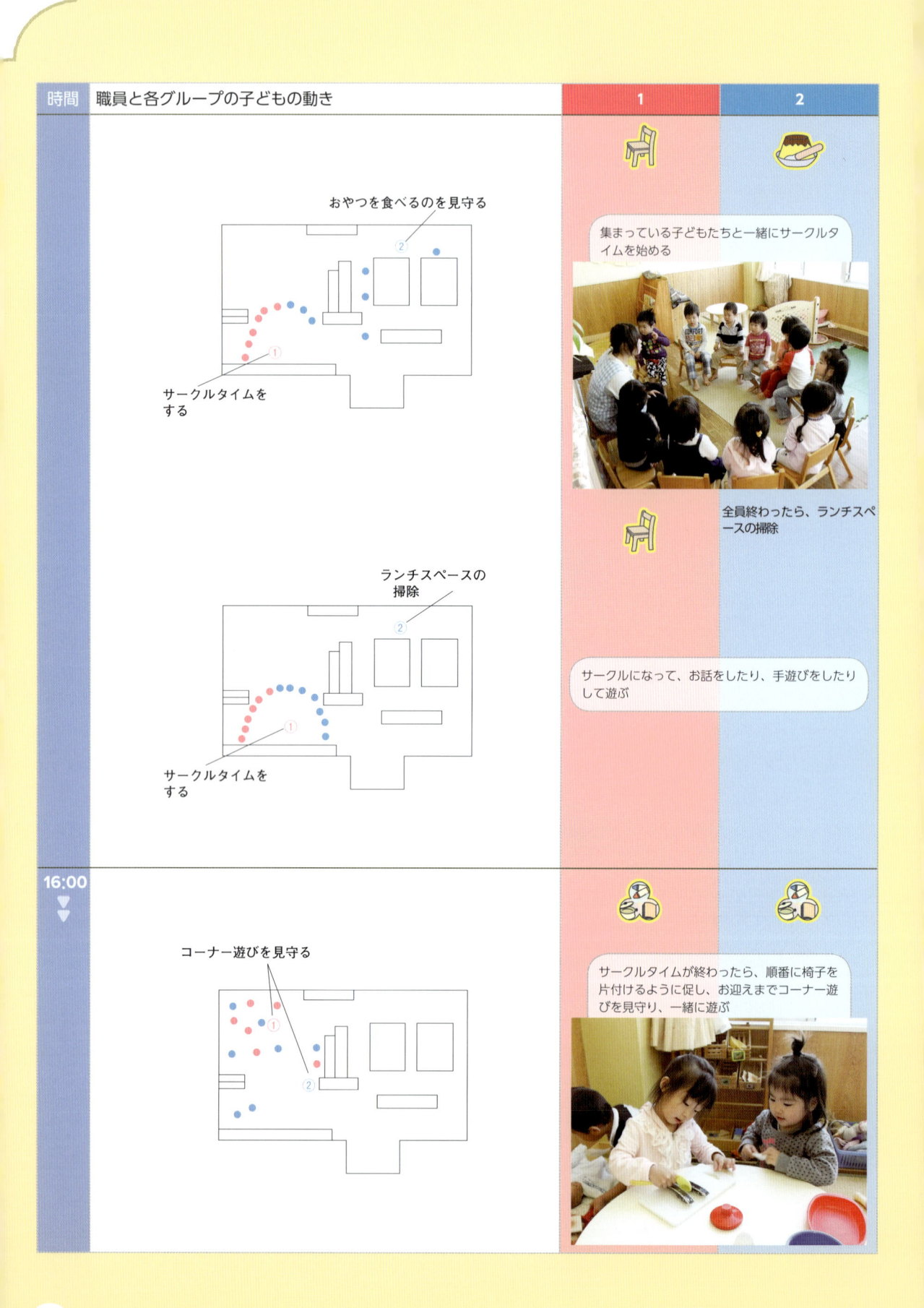

時間	職員と各グループの子どもの動き	1	2

おやつを食べるのを見守る

サークルタイムをする

集まっている子どもたちと一緒にサークルタイムを始める

全員終わったら、ランチスペースの掃除

ランチスペースの掃除

サークルタイムをする

サークルになって、お話をしたり、手遊びをしたりして遊ぶ

16:00

コーナー遊びを見守る

サークルタイムが終わったら、順番に椅子を片付けるように促し、お迎えまでコーナー遊びを見守り、一緒に遊ぶ

2歳児　トイレの手順

❶ 排泄用のエプロンをつける

❷ 2、3人ずつ排泄に誘う

❸ ズボン、パンツを脱ぐように促す

❹ 一緒にトイレに行き、排泄を見守る

❺ ズボン、パンツをはくように促す

❻ 次の子どもを迎えに行く

2歳児　ランチ・おやつの手順

1. 2、3人ずつランチに誘う
2. 自分で手洗いをするので、見守る 
3. エプロンをつける 
4. 消毒をする 
5. 自分の席へ行くよう促す 
6. 2、3人ずつと「いただきます」のあいさつをする 
7. 食べ始めるまで、見守る 
8. 職員も一緒に食事をする

第 3 章 ● きんこう保育園の担当制保育

《食べ終わった後》

1 おしぼりタオルを渡し、手、顔を拭くように促す

2 エプロン、ランチマット、おしぼりを丸めて袋に片付けるのを援助する

3 一緒に「ごちそうさま」を言う

4 椅子を片付けるように促す

5 エプロンなどの入った袋をかばんに片付けるよう促す

6 排泄に行く

119

2歳 2歳児の環境構成

部屋の全体図
遊びのスペース、ランチのスペースに分かれている

クラスの前に、季節に関係する本や、子どもたちの興味がある本を提示している

ランチのスペース
グループごとにテーブルを分けている

個人の椅子にも、顔写真を貼ってわかりやすくしている

あそびのスペース
各コーナーに分かれている

絵本コーナー
じゅうたんの上に座って絵本を読む

第3章 きんこう保育園の担当制保育

おもちゃの棚
このおもちゃで遊ぶときには、緑のマットの上で遊ぶ

ままごとコーナー

キッチン台には、食器や、調理器具が揃えてある

食材も揃っている

お人形、お洋服などを使ってお世話遊びもできる

天井には天蓋をつるしている

1日の生活の流れがわかるように、絵カードを貼っている

入園時に、親子で写真を撮ったものを飾っている。保護者が写った写真を飾ることで子どもたちがより安心して生活できるようにしている

マグネットに一人ひとりの顔写真をつけたもの。登園後に各個人シールの上に貼る

個人マークが貼ってあるホワイトボード

お便り帳入れです。わかりやすいように、名前と顔写真が貼ってある

壁にはポストカードを飾り、家庭のような雰囲気づくりをしている

第3章 ● きんこう保育園の担当制保育

子どもの荷物ロッカー
着替えを入れるかごには顔写真を貼り、わかりやすくしている

くすり入れ
ウォールポケットに子どもの名前が貼ってあり、くすりを持参した際には、くすりの連絡票を確認後、名前のところにくすりを入れている

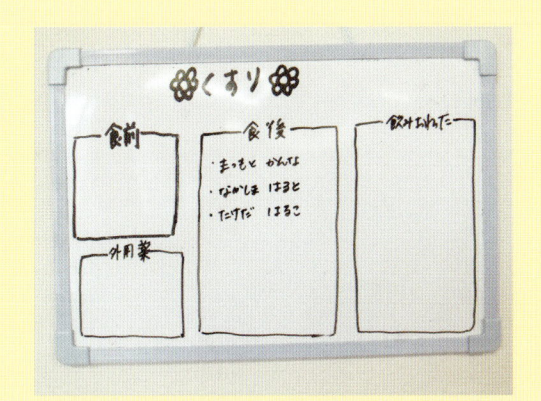

くすりのチェック表
ボードにくすりがある子どもの名前を書き、投薬後に名前を消すことで二重チェックができるようにしている

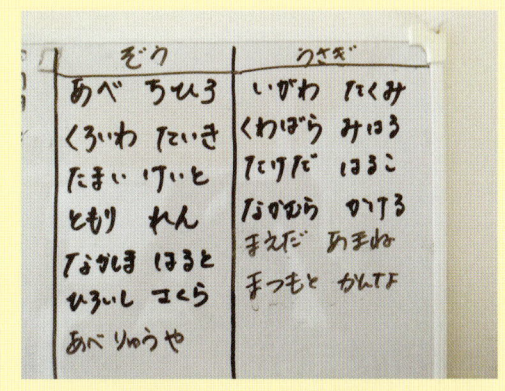

子どもたちがどのグループか、どの職員にもわかるように、ボードに記してある

観葉植物
お部屋の中に飾り、家庭のような雰囲気づくりをしている

温度計と湿度計
こまめに確認し、温度や湿度の調節を行っている

トイレ

トイレ
男の子用、女の子用とそれぞれ3つずつある

男の子用トイレ

女の子用トイレ
男の子も使用する

ズボン等の着脱時に座って活用している

シャワー付きの浴槽で、体をきれいにすることができる

第 4 章
スマートプロジェクトメソッド

小学校入学までに身につけておきたいこと

篠原正義

　私たち中関幼稚園やきんこう保育園・きんこう第二保育園では、「生涯の生活の基盤をつくる」という長期ビジョンのもとで、教育プログラムを考えています。その一環として、プロジェクト型幼児教育（体験型共同学習）を実施し、子どもたちが体験から学び、その社会生活が広がっていくよう図っています。子どもたちが新たに見たり聞いたり経験したりしたことと、これまでの知識や経験とを比べて、問題を感じとり、その解決に向けて自分で考え、判断し、行動に移すという、問題解決的な力が身につくようにも図っているのです。

　そして、一人ひとりの発達の要求に応えることができるように、身につけておきたいことを含む、できるだけ多くの異なった遊びや経験を提供しています。一人ひとりが、できるだけ、成功感や達成感を得られるように、その遊びや学びは簡単なことから始めていきます。また、続けて遊びを反復すること（スパイラル的な発達）で、心の中に具体的な遊びや技術を、絵や映像やイメージとして固定できるようにし、行動の幅をより広げていけるようにしています。最終的にはそれを言葉で表現できるようにしていくのも目標の一つです。

　中関幼稚園園長になる前、私は小学校で校長をしていました。新1年生を迎えるとき、はじめての学校生活がうまくいくようにと、新入生と保護者の援助をしてきましたが、正直、多くの学校教員と同様、就学前の保育園や幼稚園での遊びの中で身につけた生活基盤をそれほど重要視していませんでした。しかし、今、その重要性に気付き、非常に反省しています。

　園長に着任当初は、中関幼稚園の、しっかりした教育理念に基づいて作られた教育プログラムへの徹底した取り組みに敬服したものです。小学校でも、一律一斉の授業からの脱却を図っていましたが、授業形態はそんなに変えられていませんでした。せめて低学年だけでも、幼稚園で実施しているような、一人ひとりの学びが保障できるように配慮すべきです。小1の学校生活のスタートでも、子どもたち個々の成長スパイラル（反復活動を繰り返すことで、子どもたちが学びを深めながら成長・発達していく状態。P.188水のスパイラル図参照）の1段階と認識し、幼稚園や保育園での生活を十分に理解し、考慮したうえで開始するべきだと今は思います。

　小学校校長時代に中関幼稚園の卒園生たちを見て、中関幼稚園ではこんなことをしていたのか、だからここから入学した子どもたちはあんな

にしっかりとしていたのか…と、感心させられることがたくさんありました。そのうちの特筆すべきことを「小学校に入学するまでに身につけたいこと」として述べます。

問題解決力を身につけるプロジェクト型幼児教育

　小中学校では、問題解決的学習で一斉画一教育からの脱却を図ろうとしていています。「問題解決的学習」というのは、一人ひとりの児童生徒が、問題意識をもって自分で学習することを目指して工夫された学習方法です。一番大切にしていることは主体的に取り組むことで、「学習課題」作りです。学習課題の解決に向けて、一人ひとりが問題意識をもって学習に取り組むことを大切にしています。問題解決的学習は、数学や国語、社会や理科など、ほとんどの教科で成立します。まず、一人ひとりが問題をもちます。そして、その問題の解決に向けて「一人学び」をし、調べ・考えて、ノートに記します。教師は、一人ひとりの子どものノートをチェックしたり相談に応じたりします。教師は一人ひとりの子どものもつ問題点や、解決にむけての「一人学び」の中から、共通の問題を教室全体の学習課題として取り上げます。次に少人数のグループで調べたり発表したり話し合ったりします。最後にいよいよ全体の授業で、みんなで解決に向けて取りくむのです。

　一人ひとりの問題解決や課題解決のノートを点検したり、小グループで話し合わせたりするなどの個人やグループの指導の工夫はできましたが、一人ひとりの問題解決を最後まで進めるための時間が保障されず、残念ながら教師が諸問題や課題を集約し、学習課題を設けて、全員で解決するという方法をとらざるをえない状況でした。一人ひとりを大切にしていくという理念は、時間的な制約と集団教育の効果というこれまでの枠から抜け出すことができず、中途半端なところで頓挫してしまっていたのです。

　中関幼稚園では、オランダ・北欧に学ぶ保育モデルとして、プロジェクト型幼児教育（体験型共同学習）を行っています。それがこの問題解決的学習と同様のものなのです。小中学校の学習指導方法の工夫改善で取り組み始めたことを、すでに、幼稚園の園児たちが、自分で問題意識をもって楽しく追究しているのです。小学校の先をいっていると言っても過言ではないでしょう。

　「なんだろう」と問題意識をもった園児たちは、「見てみよう」と問題

解決に向けての取り組みを開始します。さらに「どうしてそうなるのかな」と、これまでの理解をもとに遊び学びをしながら理解を広げていきます。最後に「もっと知りたいな」と、理解を深めたり発展させたりしていきます。

　この課題解決的学習の一番大切なところである「問題や学習課題をつくる」ところは、発達特性から、幼稚園では、教師が、学習の目的や目標、教材を吟味して、割り振られた時間に追究することができるように図ります。しかし、問題や課題は、それを学習者が自分でつくったと受け止められるようなものにして提示します。問題や課題が多岐にわたる場合も、一人ひとりの問題として、彼なりの解決をして満足するように図ります。

　園長就任後、日々中関幼稚園の取りくみを目の当たりにし、あくまでも一人ひとりの個を育てるという、一貫した遊び学びをめざす中関幼稚園の取り組みに、改めて敬服する日々です。小学校でも、この幼稚園で実施しているプロジェクト型幼児教育を活用し、一人ひとりの学びの保障をしていけたらすばらしいと思います。

聴く力を身につける

　中関幼稚園やきんこう保育園、きんこう第二保育園には、私は隣の小学校の校長として、入園・進級式や卒園式に招かれていました。式だから静かに聴いているのだろうと思っていましたが、この園に勤めてみてびっくりしました。ふだんの保育のときも静かなのです。サークルタイムやプロジェクト型幼児教育の時間、そして集会のときなど、来園されたお客様たちが、静かにお話を聴く子どもたちの姿に驚かれます。不思議でした。中関幼稚園の園児は、どうしてこんなに静かにお話が聴けるのか。しかし、保育を見ていくうちに徐々にわかってきました。園児の一人ひとりに寄り添った保育がされているからだと。

　朝の登園後は、園庭で思い切り開放されて遊びます。その後サークルタイムなのですが、開放されて遊んだあとのしばらくの抑制は、十分に可能なのです。このように、1日のスケジュール自体も、開放と抑制が実にバランスよく組み合わされています。

　子どもたちへのきき方にも、細やかな配慮がされています。その日のお天気や経験したことなどから話題を始め、そこから教師はうまくプロジェクトに話を移行し、内容の展開も一人ひとりの園児が受け止められ

やすいように言葉を選んでいきます。お話の内容によっては、空想やイメージだけで話を展開するのではなく、ときには実物を見せるなど、より具体的なものを用意しています。また写真や絵などの映像も駆使しています。園児一人ひとりが、自分の聞きことばとして頭の中にイメージができるように努めているのです。これらは、プロジェクト型幼児教育の実践例をご参照いただければおわかりいただけるでしょう。

　話をする環境にも配慮しています。サークルになって話すことで、だれもが話す人の方を注視できるようにします。話をする人と聞く人の間に気が散るものが何もないので、より集中して話ができ、聴けるようになるのです。

豊かなふれあい経験の積み重ねとしてのサークルタイム

　小・中学校の校長の願いは、各クラスが安定した学級経営をすることです。安定した学級経営のノウハウとして、生徒指導でもっとも大切にしているのが、朝夕のショートホームルームです。児童生徒と先生とで、登校後と下校前に必ず持ってほしい時間です。ここでは豊かな心のふれあいをしながら、その日一日の目当てや計画を立て、その日を振り返ります。心にしみるお話もします。この時間を大切にしているクラスは学級経営に成功しています。いわば、その時間を制することが学級経営の必須条件になると言えるでしょう。

　この幼稚園に赴任して驚いたのは、登園後と降園前に朝夕のショートホームルームにかわるサークルタイム（クラスで椅子を円状に配置し保育者と子どもたちが座って対話する時間）を必ずもっていることです。他の幼稚園でも、朝の会、お帰りの会として行われているかもしれませんが、少し違います。ここでは、サークルに座ることで、保育者と子どもたちが一体となり、互いの顔を見あい、対話し、深くふれあう時間となっているのです。保育者たちはこの時間に子どもたちの体調や気持ちをくみ取るだけでなく、豊かに言葉を使うことを心がけ、次のプロジェクトにつながるようにイメージを広げていきます。中関幼稚園の保育者はこの時間を大切にして、必ず実施し、あたたかい学級経営をしています。そこから子どもたちの生活が広がり、深まっていくのです。このような安定した学級経営こそが、問題解決的な力を身につける学びを深め、聴く力とコミュニケーション力を育み、子どもたちの生涯の生活基盤形成を築けるようなものなのではないかと思います。

プロジェクト型幼児教育を模索して

乳児から小学校へと、流れるような学びを目指して

　プロジェクト型幼児教育を取り入れるまでには、さまざまな紆余曲折がありました。詳しくは『21世紀の保育モデル―オランダ・北欧幼児教育に学ぶ―』（2008年オクターブ刊）をご覧ください。5年前に本格的にプロジェクト型幼児教育を取り入れ、この5年間、私たちはさまざまな研修をし、失敗や模索を繰り返してきました。

　教育プログラムの立て方ひとつにしても、私たちが子どもたちの育ちのスパイラル（P.188参照）を考え、それぞれの発達段階に応じて、子どもたちに具体的に何を経験させ、何を感じさせ、何を語らせ、何を学ばせ、何を身につけさせ育ちにつなげていくのか、職員が一丸となって取りくまなければなりませんでした。また、2歳児クラスでプロジェクトを取り入れるようになり、もっと長いスパンでのスパイラル的な個の育ちについて考えるようにもなりました。

　園長が、幼稚園から小学校への移行を「別のものとして考えてきた」のと同じように、幼稚園では2歳児の保育のあり方を、ただ「年少3歳児よりもっと幼稚で可愛らしいものに」という感覚で捉えていたように思います。しかし、例えば「水」のプロジェクトでも、その後の幼稚園での3年間の遊びと学びを考えてみると、年少3歳児の学びの基礎が2歳児の遊びの中に保育者の目論見があるのとないのとでは全く違ったのです。前年、2歳児で「水」の遊びをプロジェクトで遊び学んだ子どもたちは、年少3歳児でまた同じテーマに取りくんだとき、「水」に関する遊びも言葉も、より豊富になっていたのです。子どもたちの能力のすばらしさと可能性を知るとともに、その経験値が子どもたちに与える、「私、知っている」という自信や理解に見て取れたのです。プロジェクト型幼児教育の取りくみの当初は、そのスパイラル的な流れに重きを置いていませんでした。しかし、その点がいかに重要であるかに気づかされていったのです。

　子どもたちの発達段階の流れを知るために保育園にも勉強に行きました。小学校との連携が必要なように私たち幼稚園の保育者にも、保育園での保育を、赤ちゃんや乳児の発達や生活を十分に知っておかなければならないことに改めて気づかされたのです。そしてその大切さを踏まえ、各学年の取りくみにも、そのスパイラル的な学びの計画が立てられているか、子どもたちがそれらの経験を自信にできているか、より深い理解につなげられているかを、再度丁寧に見ていくことにしたのです。

年長5歳児においては、当然児童6歳児（小学1年生）の子どもたちの姿を捉えて考えることも必須条件でした。
　ある日、隣接する小学校の国語の授業を見学する機会がありました。その小学1年生の国語の授業を半年後に受けているだろう年長5歳児の姿を想像すると、もっと子どもたちに絵本にふれさせなくてはいけない、豊かな言語を身につけさせたい、言語をおおらかに表現する喜びを知らせたい、自信をもって発言させたい…そんな風に感じました。幼児教育の遊びの中でそれらをどう体験させていくか、その答えの1つが次章で紹介する、絵本「かえるくんのシリーズ」の活動であり、お遊戯会のプロジェクト、その他の取りくみとなったのです。私たちは幼児期だけのスパイラル的な発達だけを考えるのではなく、小学校につながる子どもたちのそれを、遊びと学びの流れるようなつながりの中でいかに捉え、子どもたちの負担や不安を少しでも軽減し、つなげていくかを今もプロジェクトの研修で議論しています。
　子どもたちの育ちの中で、遊びながら学ぶ活動は一体いつからが適当か、果たして明確に決まっているのでしょうか。私たちは乳幼児期から、幼児期、学童期に至るまで幅広い視野をもって子どもたちの育ちを捉えていくことがとても大切だということに気づいてきました。そしてそんな遊びと学びの中で、自己選択・自己決定・自己責任が取れる経験をし、個々がその流れの中で生きる力を会得していってほしいのです。

行事との関連性をどう持たせていくか

　プロジェクトを取り入れるにあたっておおいに悩んだのは、外せない行事との関連性をどう持たせていくかということでした。オランダ研修の終わりに、日本の風土、私たちの住んでいる町の気候や風習もふまえて、独自の年間カリキュラムの作成にも取りくみました。はじめは前例のないことを取り入れるわけですから、どのテーマのプロジェクトも、本当に子どもたちの遊びや学びにふさわしいかどうかの実験的なスタートでもありました。また子どもたちにとって、本当に意味のある遊びや学びになっているか、理解や発達がどのようにどれくらいの到達度に達しているかを見極めるのには、実はスパイラル的な実践での効果を見なければわからなかったのです。
　あとで事例を挙げている「衣服」での活動報告をご覧いただくとわかりますが、ある年、衣服をテーマにお遊戯会を進めていきました。単な

る劇遊びではなく、それに付随してくる衣服や言語、表現、感覚、数…さまざまな要素を活動の一環に取り入れ、集大成としてお遊戯会に持っていくという方法を取り入れたのです。もちろん、それ以前も楽しいお遊戯会を行ってきました。しかし、5年前のお遊戯会と現在のお遊戯会とでは、意味合いが全く変わったといっても過言ではないでしょう。年長5歳児の創作劇について、はじめは保護者の方々からもいろいろなご意見をいただきましたが、今では大変なご理解を得ており、中関幼稚園のすばらしいプロジェクト行事となっています。そして先に述べた小学校での国語の授業で、そんな経験をした子どもたちが小学生となり、授業の中でいきいきと登場人物の気持ちになって発言し、意見を述べている姿を見て、とてもたのもしく思いました。プロジェクトの取りくみの成果が見えてきたのです。

生きる力とは何かを身につけさせる保育を模索して

　子どもたちは今からまたどんどんグローバル化していく世界で生きていかなくてはならないでしょう。その時期も、個々の成長発達のスパイラルの中にそう遠くない未来として見すえなければなりません。私たちはこれからもそんな世界で生きていく子どもたちに、「生きる力とは何かを身につけさせる保育」を模索していかなければならないと思っています。

　次章では、中関幼稚園の年間保育プログラムの詳細と、その写真とを具体的に掲載致します。次にスパイラル的に計画されたプロジェクトの取りくみとその成果や、課題について、「水」のプロジェクトをテーマに取り上げ、最後にプロジェクトの中で取りくみをすすめたお遊戯会やその関係の活動を紹介します。

絵本・教材の扱いについて

　教材作りも、その保管にも、次年度への引継ぎなどにも工夫が必要でした。子どもたちの反応や、子どもたちの中から引き出す言葉から、私たちはその取りくみが意味をなしているのか、本当に楽しい遊びと学びになっているのかを探っていきました。また、前年の取りくみの反省が生かされて、取り組みの月を変えたり、全く違うものにしたりと、チャレンジもしています。また、教師が担当学年を変わっても、新人の教師がクラスを受け持っても、このテーマ毎の何種類もの教材ストックがあ

れば、必ず発達領域や学年のテーマを子どもたちに提供できるのです。10年前も20年前も子どもたちの保育・教育に必要なものの1つに、教師の事前の万全な準備というものがありました。それは今もなんら変わりはないように思います。だから私たちはこのストックを使って、教材の研修もし、その年の時事にあわせて変化させたり、子どもたちの様子や理解度にあわせて変えたりと、研究と模索は続けていかなければならないと思っています。

プロジェクト専用の本棚

プロジェクト型幼児教育で保護者も変わる

　子どもたちの変化は保護者の方たちをも変えていくこととなりました。私たちは、月末にプロジェクトの取りくみについて活動写真を掲載した活動報告をしています。それはプロジェクト型幼児教育への理解をいただく、家庭と園との大切な架け橋となっています。この地域でも外国人移住者が多く見られるようになり、保護者の中にも外国国籍の方がいらっしゃいます。言葉を少なくし、より多くの写真を掲載することで、子どもたちがどんな遊びと学びをしているか、だれが見てもわかりやすく、ご理解をいただけるようにもしています。

　また、中関幼稚園でも、保護者の方を中心に開催される夏祭りという催しを1学期に行っています。以前は、ステージでの出し物は保育者が中心になって行っていました。しかし、保護者の方のお申し出で、ステージは今ではお父さん中心の催し物となっています。保護者のみなさんが主体的に参加してくださるようになり、夏祭りは一段と盛大になってきました。そのステージは大変人気があり、毎年来場者数を増やしています。

　一年を通しての保護者の方のパーソナリティを生かした保護者の方の保育への参加が、より子どもたちの保育環境を感動的にし、興味深いものにしているのです。保護者のみなさんにも、自己選択・自己決定・自己責任の精神が、自然に広がっているように感じています。家庭と園とが手を携えて進めていく、プロジェクト型幼児教育の成果は、このようなところにも見て取ることができます。

　保護者の方、地域の方に解放された園であることも、家庭と地域、多くの方々と、その地域の子どもたちの成長を育むことにつながっています。保護者の方はおっしゃいます。「子どもたちの笑顔のために、保護

左：夏祭りで、地域に昔から伝わる踊りの指導をしていただいているところ

右：ゲームコーナー、バザーコーナー、舞台での催し物で、保護者の方の参加で夏祭りは大盛況となった

者が幼稚園と手を取り合って、積極的に保育にかかわっていきたい。母親は保育にかかわる機会が比較的多いが、お父さんがかかわる機会を増やすことで、意識が変わって行く。」と。子どもたちは自分たちを取り巻く環境に、あたたかさを感じてくれていることでしょう。お父さんたちの姿を見て、楽しくもうれしくも感じているようです。そして協力する姿などを見て、きっと何かを感じ取ってくれていることでしょう。プロジェクト型幼児教育を取り入れ、私たちの保育を見えるようにしたことで、まずは保育者の意識がかわり、子どもたちの、保護者の方々の意識もかわってきたことは驚きでもありました。このプロジェクトのもたらす影響は子どもたちを囲む環境すべてに普及していくようです。

左：エコ集会の様子。ゴミが出たらどのような手順で処理されていくのかをクリーンセンター勤務の保護者の方に話していただいているところ

右：年長5歳児の年間教育プログラムにある地域の工場見学。そこに勤務するお父さんに来ていただき、事前に工場の様子を話していただいた

園児保護者らによるミュージッククラブの方々。園でのさまざまな集会で素敵な合唱を披露していただいている

教育プログラムの概要〈中関幼稚園の例〉
プロジェクトの年間教育プログラム

月	4月	5月	6月	7月	9月
発達領域	個性の発達	時間の理解	言葉の発達	世界の探索	考えることの発達
主となるテーマ	入園進級の受け入れ方	春	家庭	水	数える
玄関ディスプレイ（3学年共通）	・春にちなんだディスプレイ ・下駄箱までの足跡シール	・春はどれかな？（春、夏、秋、冬の季節に関する絵が表示されているボードの中から春のものを探して遊ぶ）	・ドールハウス ・家の写真	・水のまんげきょう（ペットボトルのおもちゃ） ・めだかの水槽と噴水 ・水の流れを知るパネル	・おつきみのディスプレイに隠れている数を探そう！ ・お庭に隠れている動物やお花はいくつあるかな？ ・1から10までの旗
2歳児 年少3歳児	保育に受け入れる ・シール帳の貼り方 ・個人マーク ・お顔カード ・園内探険	春を見つける！ ・春のおもちゃで遊ぶ（成長缶・成長カード） ・春探しのお散歩	わたしの家族 ・自分の家族には誰がいるかな？ ・役になりきって遊ぶ（家族ごっこ）	水と遊ぶ ・5感で水を知る ・水で遊ぶ（ボディペインティング、的当て、いろいろなものを水槽の中に入れて、浮くか沈むかを調べる）	分ける ・誕生日表作り ・かえるくんのお誕生日会ごっこ（数を意識したごっこ遊び） ・仲間分け遊び
年中4歳児	保育に受け入れる ・出席ボード ・登園した時に貼る顔カード ・園内をウォークラリー（危険場所確認・安全性理解・自分の居場所を知る）	外に出よう！ ・春探しのゲーム ・時計の話（季節、朝昼夜、デイリープログラムを知る）	わたしの家 ・どんなお家があるかな？（プレゼントボックス） ・いろいろなお家を作ろう ・ままごとコーナーを部屋割りして遊ぶ	家の中の水 ・家の中の水探し ・流し台の模型を見て、実際に水がどう流れるのかを知る ・お風呂ごっこ	比べる ・数字のペープサート（1から10までの数を知る） ・形が違うお皿にビーズを入れて数を比べる ・数字と同じ数の絵が載っているカード探し ・数と絵を照らし合わせる遊び
年長5歳児	保育に受け入れる ・先生のメッセージボード（今日の予定や先生がどこにいるかを知らせる連絡ボード） ・当番カード作り	観察する ・植物の成長を見る（トマト、きゅうり、はつかだいこん、えんどうまめ、ひまわりなど） ・生き物の観察 ・観察日記を作る	いろんなお部屋 ・どこのお部屋で使う道具？ ・お店屋さんごっこで言葉遊び ・お部屋にある物をひらがなカードと照らし合わせる	外の水 ・雨の日のお散歩 ・川から海につながる様子を見にいく（土砂災害について） ・箱庭遊び ★かえるくんの絵本から水の災害について知る	数える ・1から50までの数を知る（おにぎりを使って） ・隠れている数は？（りんごで） ・知育玩具で数に触れる（カウンティングBox、コンパラント・かずの木など） ・6歳の誕生日お祝い

10月	11月	12月	1月	2月	3月
空間の理解	時間の理解	考えることの発達	表現の発達	考えることの発達	言葉の発達
空間について	秋	色と形	衣服	大きさ	期待
・こんなポーズはできるかな？ ・椅子の上、下、右、左？どこにいるか、お人形を動かしてみよう！	・落ち葉のプール ・秋の収穫物に触れる ・四季の移り変わりを知ることができるパネル	・色と形のステンドグラスシール ・この絵は何の形に見えるかな？ ・万華鏡をのぞいてみよう！ ・色と形のグラデーション	・地球儀を飾る ・世界地図といろいろな国の民族衣装、あいさつのことばが書いてある写真 ・民族衣装で写真を撮ろう！	・背くらべをして遊ぶ ・大小さまざまなものの写真	・思い出の写真（年長児がコメントをかいたもの）を飾る ・卒園式を歌う歌の表
ぼくとわたしの体	秋を見つける！	これなあに？	なにを着ようかな？	大きい小さい	できるようになったよ！
・顔パズル遊び ・体のサイコロゲーム ・お風呂ごっこで体の部位を知る	・園庭で秋探し ・秋のカード遊び ・手作りおもちゃで遊ぼう	・ツリーの色塗り ・形探し ・影絵遊び ・形を切って、見立て遊び	・季節のパネルシアター ・ジェスチャーゲーム ・ドレスアップコーナー	・ネズミさんとぞうさんの大きさ比べ ・ねずみさんとぞうさんごっこ	・できるようになったよ！のカード遊び ・年中さんのお部屋で交流遊び ・よくできましたペンダント
ボディイメージ	変化する！	色や形を見つけよう	わたしに注目！	大きくなる	お友だち
・まねっこをしてみよう ・風船まわし（体の距離や感覚を感じる） ・ツイスターゲーム ・サイコロゲーム	・四季の変化を写真で振り返る ・春夏秋冬ボード ・収穫を楽しむ（芋ほり、稲刈り、どんぐり拾い・みかん狩りなど）	・色や形を合わせて連想ゲーム ・お店屋さんの商品作り ・お店屋さんごっこ	・いろいろな服カード ・デザイン遊び ・衣装作り ・ファッションショー	・ラディッシュの成長を観察する ・型はめ遊び ・形の神経衰弱 ・成長カード遊び ・紙ふうせんで遊ぶ ・円弧モザイク	・一年間の思い出の写真を見る ・年長さんになったら何組かな？
空間を学ぶ	秋を感じる	色や形の組み合わせ	わたしってどういう人？	旅に出よう	入学
・イスゲーム（左右上下を知る） ・カメラマンごっこ ・散歩をして地理を知る ・地図作り	・フィーリングボックス（目隠しで味比べ） ・虫や果物の写真を季節で分けてみよう ・落ち葉のパズル遊び	・積み木でツリーを作ろう ・タングラム、ケルンモザイク遊び	・話し合って劇をつくる（セリフや踊り、衣装などを考える） ・創作劇の小道具、大道具を作る ・創作劇をする	・地球儀で国の大きさ比べ ・幼稚園と小学校にあるものの大きさ比べ ・旅行ごっこの道具作り ・旅行ごっこ	・3年間を写真で振り返る ・入学までのカウントダウン（小学校のすごろく遊び） ・小学校で使うものの名前をひらがなカードで作ってみよう ・小学校に行って挑戦したいことを書いてみよう

学年別年間保育計画表

年長　平成 23 年度年間保育計画

月	4月	5月	6月	7月	9月
主な行事	入園進級式	こどもの日集会 家庭訪問 お寺参り 玉ねぎ掘り	親子バス遠足 芋苗植え 内科・歯科検診 小運動会 カレーパーティー	七夕集会 夏祭り （8月） ハッピーサマーキャンプ	お寺参り わいわいスポーツ フェスティバル
季節の遊び	～様々な生き物、植物に出会い、季節の移り変わりを感じる～ 春を探しに　　　　　　梅雨の様子を知る　　　　水遊び・プール 　　園庭を探索する　　　　雨や水たまり、水かさを見る				
戸外遊び	～砂場遊び（砂山作り、トンネル掘り）～ 　　　　かけっこ遊び　　　　　　　　　　　　虫取り				
室内遊び	各コーナーでの遊び～ごっこあそび・積み木・お絵かき・製作・粘土・折り紙・絵本～ 　　　　　　　　　　　　　　　　車作り				
知育遊び	年間教育プログラム（別紙参照）にそって、ニーホイス（知育玩具）を準備				
教育プログラム	サークルタイムの時間やその他の遊び時間に年間プログラム（別紙参照）にそった活動を準備				
サークルタイム わらべうた	かごめかごめ				
サークルタイム 音楽	めだかの学校	バスごっこ	大きな古時計	おばけなんてないさ	虫の声
サークルタイム 絵本	まこちゃんと エプロン	おたまじゃくしの ニョロ	わらってわにさん	あむ	おじいちゃんの トラのいるもりへ
創造遊び	「点・線」ビーズ、ママボール、ピンボードを使って				
体育教室	集合・整列 歩く・走る・跳ぶ	マット・鉄棒	跳び箱	プール・水遊び	器具でかけっこ
伝統文化（お抹茶）			○		
異文化交流 英会話	○ 1.「数」を数えよう（～200まで）　2. 反対の言葉（大きい－小さい、押す－引く） 5. アルファベットを書いてみよう　6. 12ヶ月を英語でいってみよう　7. 学校で使うもの（鉛筆、シャーペン） 10. いろいろな英語のうた　11. 年少、年中で学んだ英語の復習	○	○	○	○
生活習慣	あいさつの仕方　　　　身の回りの整理整頓 　　　　室内外での正しい過ごし方				
地域交流	お買い物・ブリヂストン・マツダ・中の浦の海・中関小唄				塩田公園・
文字の遊び	文字などを使いながら思ったことや考えたことを伝える喜びや楽しさを味わう				
数の遊び	数と数字の一致を理解する（1～10までの数字を書く・「多い・少ない」の対比を理解する・ひとつの数をふたつ				
食育	配膳の手伝いをする				

※青字は年間を通して行うもの

10月	11月	12月	1月	2月	3月
	子ども作品展 芋掘り 玉ねぎの苗植え みかん狩り	音楽会 おもちつき クリスマス会	どんどやき お寺参り	豆まき お遊戯会 一日入園	ひなまつり集会 保護者会 お別れ遠足 卒業式

	秋を探しに 芋の収穫・木の実・落ち葉拾い		雪・霜・氷		春を見つける
鉄棒		鬼ごっこ	縄跳び		
		楽器あそび		劇あそび	

その他の絵本や歌は以下の通り

あぶくたった				はないちもんめ	
ゆうやけこやけ	まっかな秋	赤鼻のトナカイ	北風小僧の寒太郎	1年生になったら	思い出のアルバム
やぎのアシヌーラ どこいった？	ひともじえほん	ピッキのクリスマス	おおどしのきゃく	マザネンダバ	ほほとクロ
「面」「立体」ケルンモザイク、積み木を使って			「複雑な形」かずの木、おどろ木を使って		
走る・マット	走る・マット	縄跳び・鉄棒	縄跳び・跳び箱	鉄棒・跳び箱	マット・鉄棒 跳び箱
○			○		
○	○	○	○	○	○

3. 場所や建て物の名前（図書館、病院など） 　4. いろいろな虫の名前（バッタ、ホタル、くもなど）
8. 体調についていろいろな言葉（頭痛、風邪など）　 9. いろいろなお仕事（職業）の名前（お医者さん、歯医者さん、コックさんなど）

人の目を診て話を聞く 礼儀と姿勢	衣服の調整 自分のことを進んでする		お手伝いを進んでする 公共の場の環境を整える　社会的なマナー	
みかん狩り・ふるさとまつり・玉祖神社			学校訪問	自衛隊

に分ける）

バランスのよい食事の仕方を知る　　　　　　　　　　　体の中での食材の役割を知る

月別計画表　年長平成23年9月の例

発達領域：考えることの発達　　主となるテーマ：数える　　遊びのテーマ：数える
【環境設定】
・お部屋のディスプレイ：クラス年表、1～50までの数とおにぎりの表示
・プロジェクトコーナー：不等号カード
・知育玩具、知育道具：カウンティングボックス、コンパラント、かずの木

	プロジェクト内容	幼稚園教育要領		到達度(◎○△)
		5領域	内容	
なんだろう？ (方向付け)	・秋にちなんだ玄関ディスプレイ 　数字や数、カードの絵探し ・数についての話をする 　机、椅子、人の数などを数えて対比	健康 環境 言葉	・明るくのびのびと行動し、充実感を味わう ・日常生活の中で数量や図形などに関心をもつ ・先生や友達の言葉や話に興味や関心をもち、親しみをもって聞いたり、話したりする	
みてみよう！ (見本を見せる)	・数に関する絵本を読む 　『かず』『かずのほん』『たしざん』など ・数字の歌のペープサート 　歌に合わせて数字を覚える ・おにぎりカード 　1～50までの数にふれる	言葉 環境 環境	・絵本や物語などに親しみ、興味を持って聞き、想像する楽しさを味わう ・日常生活の中で数量や図形などに関心をもつ。 ・日常生活の中で数量や図形などに関心をもつ。	
どうしてそうなるの？ (理解を広げる)	・トランプ遊び 　7ならべや神経衰弱などで数にふれ、遊ぶ ・数あてゲーム 　数個あるもののうち、いくつかをハンカチで隠し、隠れた数を当てる遊び ・かずの木で遊ぶ 　かずの木を使って、すごろくゲームや数取りゲームをして遊ぶ	人間関係 環境 人間関係	・いろいろな遊びを楽しみながら物事をやり遂げようとする気持ちをもつ ・生活の中で、様々な物に触れ、その性質や仕組みに興味や関心をもつ ・友達のよさに気づき、一緒に活動する楽しさを味わう	
もっと知りたいな！ (理解を深める)	・不等号カード 　不等号カードでどちらが多いか当てるゲームをする ・数字を書こう！ 　プリントを使って、数字を書く ・6歳のお誕生日 　0～5歳までの成長とこの1年間の時間の経過にふれながら、6歳の誕生日をみんなで祝う	環境 環境 表現 言葉	・日常生活の中で簡単な標識や文字などに関心をもつ ・日常生活の中で簡単な標識や文字などに関心をもつ ・生活の中でイメージを豊かにし、さまざまな表現を楽しむ ・人の言葉や話をよく聞き、自分の経験したことを話し、伝え合う喜びを味わう	

指導計画の策定順序と概要（矢印に従って、計画、実践している）

1	年間の教育プログラム (P.136,137参照)	月々の発達領域、主となるテーマ、学年の遊びのテーマを示したもの
2	学年別年間保育計画 (P.138,139参照)	月々の行事、主な遊び、サークルタイムの内容、生活習慣など園独自の取りくみを学年別に示したもの
3	月別計画 (上の表参照)	その月のプロジェクト計画。段階ごとにその内容、幼稚園教育要領のどこに当たるのかを示し、到達度を確認していく
4	マニフェスト (P.141参照)	月別計画を写真で分かりやすく示したもの。重点的に使って遊ぶ知育教材や子どもたちに意識させる言葉も掲載し、翌月のものを月末に保護者に配布
5	週の指導計画	週ごとのサークルタイム、活動内容、生活習慣面で子どもたちに身につけてほしいことを示した表。各項目の実践結果を書き込む
6	日案	クラス担任の日誌に、週のねらい、予定、実践するプロジェクトの内容を示し、日々保育の実践を振り返る材料とする

第4章 ●スマートプロジェクトメソッド

マニフェスト

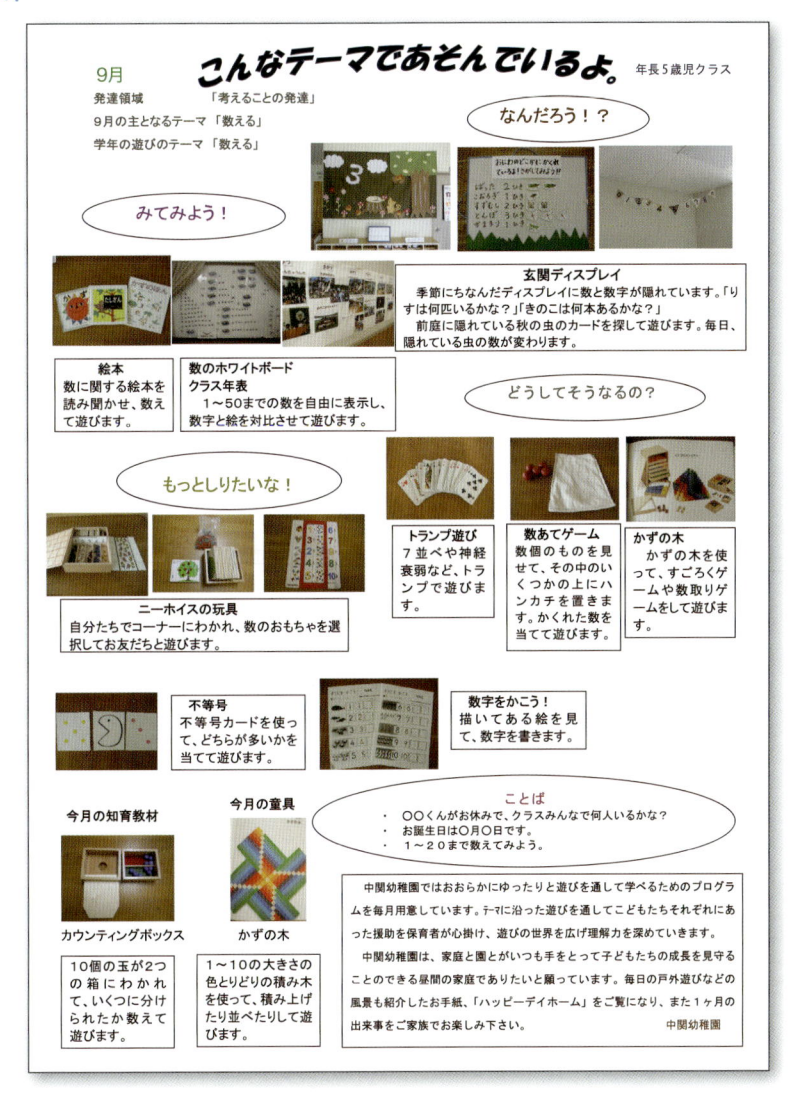

こんなテーマであそんでいるよ。

9月　年長5歳児クラス
発達領域　「考えることの発達」
9月の主となるテーマ「数える」
学年の遊びのテーマ「数える」

みてみよう！

なんだろう！？

玄関ディスプレイ
季節にちなんだディスプレイに数と数字が隠れています。「りすは何匹かな？」「きのこは何本あるかな？」
前庭に隠れている秋の虫のカードを探して遊びます。毎日、隠れている虫の数が変わります。

絵本
数に関する絵本を読み聞かせ、数えて遊びます。

数のホワイトボード　クラス年表
1〜50までの数を自由に表示し、数字と絵を対比させて遊びます。

どうしてそうなるの？

もっとしりたいな！

トランプ遊び
7並べや神経衰弱など、トランプで遊びます。

数あてゲーム
数個のものを見せて、その中のいくつかの上にハンカチを置きます。かくれた数を当てて遊びます。

かずの木
かずの木を使って、すごろくゲームや数取りゲームをして遊びます。

ニーホイスの玩具
自分たちでコーナーにわかれ、数のおもちゃを選択してお友だちと遊びます。

不等号
不等号カードを使って、どちらが多いかを当てて遊びます。

数字をかこう！
描いてある絵を見て、数字を書きます。

今月の知育教材

カウンティングボックス
10個の玉が2つの箱にわかれて、いくつに分けられたか数えて遊びます。

今月の童具

かずの木
1〜10の大きさの色とりどりの積み木を使って、積み上げたり並べたりして遊びます。

ことば
- ○○くんがお休みで、クラスみんなで何人いるかな？
- お誕生日は○月○日です。
- 1〜20まで数えてみよう。

中関幼稚園ではおおらかにゆったりと遊びを通して学べるためのプログラムを毎月用意しています。テーマに沿った遊びを通してこどもたちそれぞれにあった援助を保育者が心掛け、遊びの世界を広げ理解力を深めていきます。
中関幼稚園は、家庭と園とがいつも手をとって子どもたちの成長を見守ることのできる昼間の家庭でありたいと願っています。毎日の戸外遊びなどの風景も紹介したお手紙、「ハッピーデイホーム」をご覧になり、また1ヶ月の出来事をご家族でお楽しみ下さい。
中関幼稚園

プロジェクトの学びのサイクル

年長グループ
理解を深める
理解を広げる
見本を見せる
方向付けをする

年中グループ
理解を深める
理解を広げる
見本を見せる
方向付けをする

年少グループ
理解を深める
理解を広げる
見本を見せる
方向付けをする

　プロジェクト型幼児教育では、短期と長期のサイクルでスパイラルに学ぶ。ひとつのテーマを、方向付けから理解を深めるまでの4段階に区切り、身近で具体的な主題から抽象的な概念を獲得するための学びが短期。ひとつのテーマを一度だけ学ぶのではなく、これを毎年同じ時期に同じテーマで、年齢に合った形で、より高いレベルの理解をめざし、繰り返し学ぶのが長期サイクルの学びとなる。

141

年間教育プログラム 月別実施概要

4月 　発達領域「個性の発達」
　　　　テ ー マ「入園・進級の受け入れ方」

なんだろう!?

春にちなんだディスプレイ

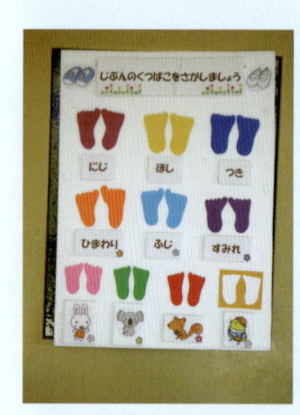

足跡シール
廊下に貼っている足跡シールをたどるとクラスの下駄箱にたどりつく

第4章 ● スマートプロジェクトメソッド

2歳児　年少3歳児　▶▶ 保育に受け入れる

みてみよう！　どうしてそうなるの？　もっとしりたいな！

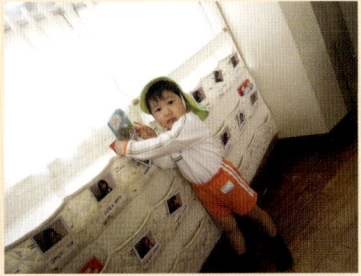

シール帳の貼り方

個人マーク

個人の顔写真をカードにしたお顔カード
お友だちの顔を覚えたりするのに使う

園内探検

知育玩具

感覚遊び

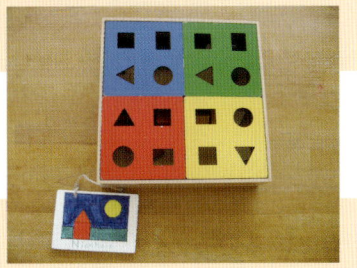

色・形の視覚遊び

143

年中 4歳児　▶▶ 保育に受け入れる

みてみよう！　どうしてそうなるの？　もっとしりたいな！

登園したときに貼る顔カード

園内をウォークラリー

知育玩具

手の位置を考えつなげていく遊び

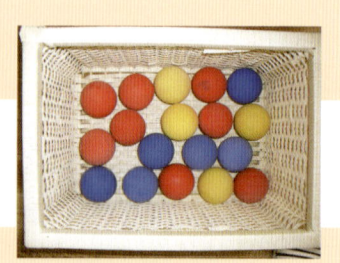

ボールを使ってふれあい遊び

第4章 スマートプロジェクトメソッド

月別実施概要

4月

年長　5歳児 ▶▶ **保育に受け入れる**

みてみよう！　どうしてそうなるの？　もっとしりたいな！

先生のメッセージボード

当番カード作り

知育玩具

関連性を理解する遊び

友だちとボールをまわして遊ぶ遊び

145

月別実施概要

5月 発達領域「時間の理解」
テーマ「春」

なんだろう⁉

春はどれかな？　春、夏、秋、冬の季節に関する絵が表示されているボードの中から、春のものを探して遊ぶ

第4章 ● スマートプロジェクトメソッド

2歳児　年少3歳児　▶▶ 春を見つける！

みてみよう！　どうしてそうなるの？　もっとしりたいな！

成長缶

春探しのお散歩

成長カード

春の収穫を楽しむ（玉ねぎ掘りなど）

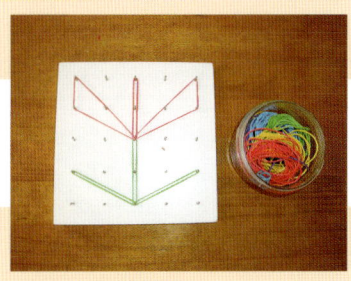

知育玩具

春に関する表現遊び

感覚遊び

147

年中　4歳児　▶▶ 外に出よう！

みてみよう！　どうしてそうなるの？　もっとしりたいな！

春探しのゲーム

時計の話（季節、朝昼夜、保育の一日の流れを知る）

知育玩具

ちょうちょや花の絵パズル

ビーズを並べて春色作り

第4章 スマートプロジェクトメソッド

月別実施概要
5月

年長　5歳児　　▶▶ 観察する

みてみよう！　どうしてそうなるの？　もっとしりたいな！

植物の成長を見る

生き物の観察

知育玩具

虫や花の成長過程を理解する遊び

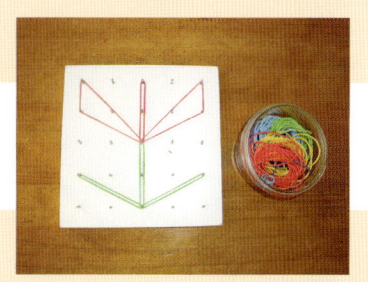

色つき輪ゴムでイメージ遊び

149

月別実施概要

6月 発達領域「言葉の発達」
テーマ「家庭」

なんだろう⁉

家の中のいろいろなお部屋の写真を飾ったり、ドールハウスで遊んだりする

第4章 ●スマートプロジェクトメソッド

| 2歳児　年少3歳児 | ▶▶ わたしの家族 |

みてみよう！　どうしてそうなるの？　もっとしりたいな！

自分の家族にはだれがいるかな？

役になりきって遊ぶ（家族ごっこ）

知育玩具

食べ物カード遊び

構築遊び

151

年中　4歳児　▶▶ わたしの家

みてみよう！　どうしてそうなるの？　もっとしりたいな！

どんなお家があるかな？（プレゼントボックス）

ままごとコーナーを部屋割りして遊ぶ

いろいろなお家を作ろう

知育玩具

カードの絵を立体的に再現する遊び

第4章 スマートプロジェクトメソッド

月別実施概要

6月

年長　5歳児　　▶▶ **いろんなお部屋**

みてみよう！　どうしてそうなるの？　もっとしりたいな！

どこのお部屋で使う道具？

お店屋さんごっこで言葉遊び

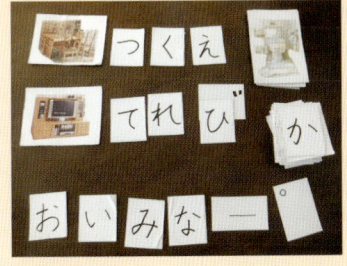

お部屋にある物をひらがなカードと照らし合わせる

知育玩具

共通点を見つける遊び 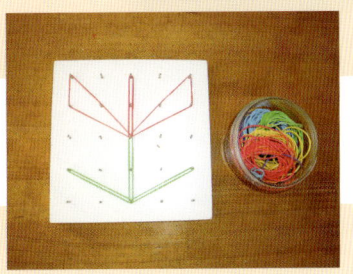　　　色つき輪ゴムでイメージ遊び

153

月別実施概要

7月 発達領域「世界の探索」
テーマ「水」

なんだろう!?

熱帯魚の水槽

噴水

水の流れを知るパネル

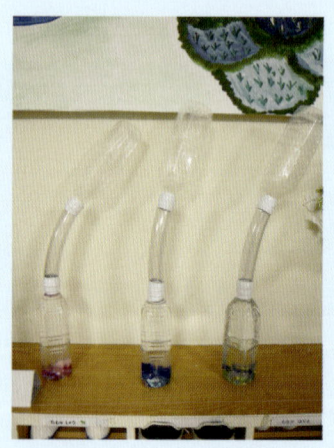

水の万華鏡（ペットボトルのおもちゃ）

第4章 ● スマートプロジェクトメソッド

2歳児　年少3歳児　　▶▶ **水と遊ぶ**

みてみよう！　どうしてそうなるの？　もっとしりたいな！

ボディペインティング

いろいろなものを水に入れ、浮くか沈むか調べる

的あて

水遊び

5感で水を知る

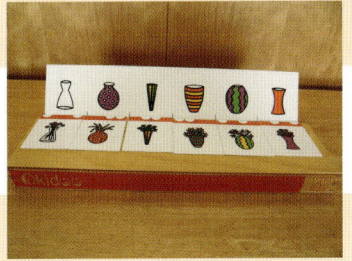

知育玩具

水に関するものの組み合わせ遊び

155

年中　4歳児　▶▶ 家の中の水

みてみよう！　どうしてそうなるの？　もっとしりたいな！

家の中の水探し

お風呂ごっこ

流し台の模型で実際の水の流れを知る

知育玩具

関係性のある絵を組み合わせて遊ぶ玩具

形を組み合わせて水に関連する絵を作る

第4章 スマートプロジェクトメソッド

月別実施概要
7月

年長　5歳児　▶▶ 外の水

みてみよう！　どうしてそうなるの？　もっとしりたいな！

雨の日のお散歩

川から海へつながる様子を見に行く

箱庭遊び（土砂災害について）

知育玩具

水辺について理解する遊び 　　　イメージ遊び

157

月別実施概要

9月 発達領域「考えることの発達」
テーマ「数える」

な ん だ ろ う !?

おつきみのディスプレイに隠れている数を探そう！

1から10までの旗

お庭に隠れている動物やお花がいくつあるかを示す表

2歳児　年少3歳児　▶▶ 分ける

みてみよう！　どうしてそうなるの？　もっとしりたいな！

誕生日表作り

仲間分け遊び

かえるくんのお誕生日会ごっこ（数を意識したごっこ遊び）

知育玩具

大きさを見比べるおもちゃ

年中 4歳児　▶▶ 比べる

みてみよう！　どうしてそうなるの？　もっとしりたいな！

数字と同じ数の絵のカードを探す

数字のペープサート（1から10までの数を知る）

形や大きさが違うお皿にビーズを入れて数を見比べる

おはじきで数遊び

数と絵を照らし合わせる遊び

知育玩具

数遊び

8個の立方体をつかった構築遊び

第4章 スマートプロジェクトメソッド

月別実施概要 **9**月

年長　5歳児　▶▶ 数える

みてみよう！　どうしてそうなるの？　もっとしりたいな！

1から50までの数を知る（おにぎりカードを使って）

6歳の誕生日祝い

かくれている数は？（りんごを使って）

知育教材を使って数に触れる（カウンティングBOX・コンパラント・かずの木など）

知育玩具

数遊び

数遊び

161

月別実施概要

10月 発達領域「空間の理解」
テーマ「空間について」

なんだろう⁉

こんなポーズ、できるかな？

まねしてやってみよう！

椅子の上、下、右、左？　お人形はどこにいる？

どこにいるかお人形を動かしてみよう！

2歳児　年少3歳児　▶▶ ぼくとわたしの体

みてみよう！　どうしてそうなるの？　もっとしりたいな！

顔パズル遊び

顔のパーツの絵が描かれたサイコロをふり、出た目と同じところをさわる

体をつかった遊び

お風呂ごっこで体の部位を知る

体のパーツを確認しながら遊ぶ

知育玩具

動物絵合わせパズル

年中　4歳児　▶▶ ボディイメージ

みてみよう！　どうしてそうなるの？　もっとしりたいな！

まねっこをしてみよう

風船まわし（体の距離や感覚を感じる）

ツイスターゲーム（体の部位が描かれたサイコロと盤を使って遊ぶ）

体の部位が描かれているサイコロをふって、出た部位に触って遊ぶゲーム

知育玩具

カードの絵を立体的に再現する遊び

感覚遊び

164

第4章 スマートプロジェクトメソッド

月別実施概要 10月

年長　5歳児　▶▶ 空間を学ぶ

みてみよう！　どうしてそうなるの？　もっとしりたいな！

イスゲーム

カードの絵を見て、左右、上下を考えながら同じ位置につく

カメラマンごっこ

散歩をして、地理を知る

地図作り

知育玩具

空間を把握する遊び

165

月別実施概要

11月
発達領域「時間の理解」
テ ー マ「秋」

なんだろう⁉

四季の移り変わりを知ることができるパネル

秋の収穫物に触れる

秋の葉っぱの色

落ち葉のプール

第4章 スマートプロジェクトメソッド

2歳児　年少3歳児　▶▶ 秋を見つける！

みてみよう！　どうしてそうなるの？　もっとしりたいな！

園庭で秋探し

手作りおもちゃで遊ぼう（コリントゲーム）

秋のカード遊び

手作りおもちゃで遊ぼう（どんぐりマラカス）

知育玩具

秋の収穫物パズル

167

年中　4歳児　▶▶ 変化する

みてみよう！　どうしてそうなるの？　もっとしりたいな！

四季の変化を写真で振り返る

春夏秋冬ボード

収穫を楽しむ（いも掘り、稲刈りなど）

どんぐり拾い

みかん狩り

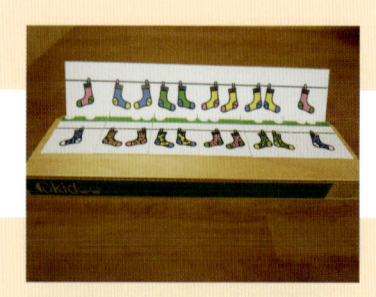

知育玩具

季節に関するものの組み合わせ遊び

第4章 ●スマートプロジェクトメソッド

月別実施概要 **11**月

年長　5歳児　　▶▶ 秋を感じる

みてみよう！　どうしてそうなるの？　もっとしりたいな！

フィーリングボックス（目隠しで味比べ）

虫や果物の写真を季節で分けてみよう

落ち葉のパズル遊び

知育玩具

虫や花の成長の過程を理解する遊び

169

月別実施概要

12月 発達領域「考えることの発達」
テーマ「色と形」

なんだろう!?

色と形のステンドグラスシール

この絵は何の形に見えるかな？

まんげきょう
まんげきょうのなかを
のぞくと、いろいろな
いろやかたちがみえるよ。

万華鏡をのぞいてみよう！

色と形のグラデーション

2歳児　年少3歳児　▶▶ これはなあに？

みてみよう！　どうしてそうなるの？　もっとしりたいな！

ツリーの色塗り

形探し

影絵遊び

形を切って、見立て遊び

知育玩具

色と形の型はめ遊び

色々な色や形の野菜を探そう

年中　4歳児　▶▶ 色や形を見つけよう

みてみよう！　どうしてそうなるの？　もっとしりたいな！

色や形を合わせて連想ゲーム

お店屋さんの商品作り

お店屋さんごっこ

知育玩具

色と形遊び

色と形の組み合わせ遊び

月別実施概要 12月

年長 5歳児　　色や形の組み合わせ

みてみよう！　どうしてそうなるの？　もっとしりたいな！

積み木でツリーを作ろう

タングラム、ケルンモザイク遊び

知育玩具

構築遊び

色と形の組み合わせ遊び

月別実施概要

1月 発達領域「表現の発達」
テーマ「衣服」

なんだろう!?

世界地図といろいろな国の民族衣装、挨拶が書いてある写真を飾る

民族衣装で写真を撮ろう

民族衣装で衣装合わせごっこ

地球儀を飾る

第4章 スマートプロジェクトメソッド

2歳児　年少3歳児　▶▶ なにを着ようかな？

みてみよう！　どうしてそうなるの？　もっとしりたいな！

季節のパネルシアター

ドレスアップコーナー

ジェスチャーゲーム

知育玩具

同じ服を探すカード遊び

175

年中 4歳児　　▶▶ わたしに注目！

みてみよう！　どうしてそうなるの？　もっとしりたいな！

衣服カード

デザイン遊び

衣装作り

ファッションショー

知育玩具

衣服遊び

第4章 スマートプロジェクトメソッド

月別実施概要 1月

年長　5歳児　▶▶ わたしってどういう人？

みてみよう！　どうしてそうなるの？　もっとしりたいな！

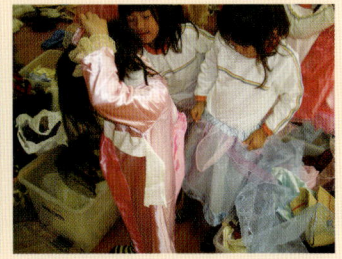

話し合って劇を作る（セリフや踊り、衣装などを考える）

創作劇の小道具、大道具を作る

創作劇をする

知育玩具

共通点を見つける遊び

構築遊び

177

月別実施概要

2月 発達領域「考えることの発達」
テーマ「大きさ」

なんだろう⁉

各学年の子どもと園長先生の人型。背比べをして遊べるようにしている

大小様々なものの写真を飾る

2歳児　年少3歳児　▶▶ 大きい小さい

みてみよう！　どうしてそうなるの？　もっとしりたいな！

ネズミさんとぞうさんの大きさ比べ

ねずみさんとぞうさんごっこ

知育玩具

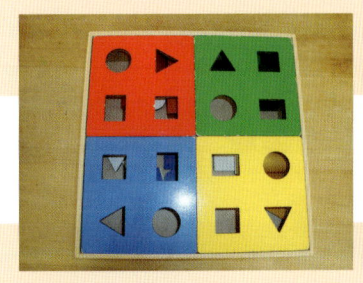

大小の形を比べるおもちゃ

同じものの大小を作る遊び

年中 4歳児　▶▶ 大きくなる

みてみよう！　どうしてそうなるの？　もっとしりたいな！

形の神経衰弱

紙ふうせんで遊ぶ

ラディッシュの成長を観察する

円弧モザイク

型はめ遊び

知育玩具

大きさ遊び

第4章 スマートプロジェクトメソッド

月別実施概要 2月

年長　5歳児　　▶▶ 旅に出よう

みてみよう！　どうしてそうなるの？　もっとしりたいな！

地球儀で国の大きさ比べ

幼稚園と小学校にあるものの大きさ比べ

旅行ごっこの道具作り

旅行ごっこ

知育玩具

イメージ遊び

181

月別実施概要

3月 発達領域「言葉の発達」
テーマ「期待」

な ん だ ろ う !?

卒園式で歌う歌の歌詞

年中さんが書いたものを飾っている

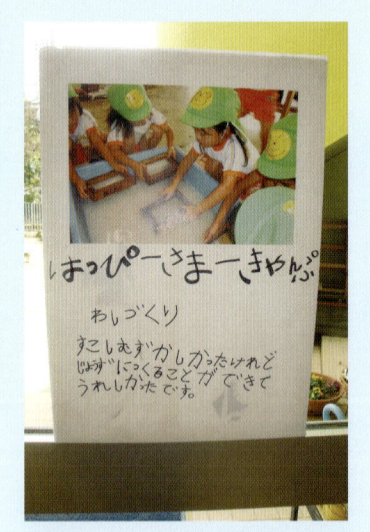

4月から3月までの1年間の思い出の写真とコメントが書いてあるパネル

第4章 ● スマートプロジェクトメソッド

2歳児　年少3歳児　▶▶ できるようになったよ！

みてみよう！　どうしてそうなるの？　もっとしりたいな！

何ができるようになったかをふり返る

できるようになったよ！のカード

年中さんのお部屋で交流遊び

目標が達成できたらもらえるペンダント

知育玩具

年中4歳児のお部屋のおもちゃを借りて期待を持つ

積み木で作れるようになったものを披露する

183

年中　4歳児　▶▶ お友だち

みてみよう！　どうしてそうなるの？　もっとしりたいな！

年長になったらどのクラスかな？

一年間の思い出の写真を見る

知育玩具

組み合わせ遊び

第4章 スマートプロジェクトメソッド

月別実施概要

3月

年長 5歳児 ▶▶ 入学

みてみよう！　どうしてそうなるの？　もっとしりたいな！

三年間を写真で振り返る

小学校入学までのカウントダウンすごろく

小学校で使うものの名前をひらがなカードで作ってみよう

小学校に行って挑戦したいことを書いてみよう

知育玩具

関連性を理解する遊び

構築遊び

第 5 章

**スパイラルに学ぶ
スマートプロジェクトメソッド実践例**

「水」のプロジェクト─3年間のスパイラルについて─

　学びというのは、1つのことを学んだら次へ、またそれを学んだら次へ行くというような"直線的なもの"ではなく、1つのことを学んだら次へ行くが、また前のことを振り返って学び、次へ行くというように"スパイラル（らせん状）"に積み上げていくことが大切であるということを、そして、そのやり方を、このピラミッドメソッドで学びました（P.141 プロジェクトの学びのサイクル参照）。それを踏まえて考えた「水」のプロジェクトを、同じ子どもたちが3年間取りくんでどう変わっていったのかを、ここでは見ていきたいと思います。

　「水」は生活に欠かせないものです。のどが渇いたときに飲んだり、食事を作ったり、体をきれいにしたり、ときには遊んだりと、一番身近に存在しています。水がなければ、人はもちろんのこと、動物も植物も生きてはいけません。水は、そんな恵みをもたらしてくれる反面、洪水や土砂災害など、私たちに災いをもたらすものでもあります。水に興味を持ち、体験することで、水とはどんなものかを知り、生きていくための力の基礎にして欲しいと願って、このテーマを選びました。

　年少3歳児では「水と遊ぶ」という遊びのテーマで、いろいろな水遊びを体験し、水に興味を持っていきます。年中4歳児では次にどんな所に水があるのかを考えて、「家の中の水」がある場所を探し、家の水が外へつながっていることを知ります。年長5歳児では「外の水」をテーマに、川から海への水の流れ、自然の中での水の恵みと災害について学んでいきます。

自分で学んだ抽象的体験
外の水
- 雨水、生活排水はどこへ行くのかな？
- 水の力　洪水って何だろう？

知識的体験・現実的体験
家の中の水
- 家の中で、水はどこにあるかな？
- 生活の中でどれだけ水が取り入れられているか？
- 使った水はどこへ流れていくのかな？

現実的体験
水と遊ぶ
- 水に親しむ（玄関ディスプレイ）
- 水の音を聞こう
- 水に触って遊ぼう
- 水の万華鏡をみてみよう
- 浮くもの・沈むもの
- 温かい・冷たい
- 水鉄砲
- 洗濯ごっこ

年少3歳児　　年中4歳児　　年長5歳児

中関幼稚園の「水」のプロジェクト例

年少 3歳児のプロジェクト

発達領域　　　　　　：「世界の探索」
7月の主となるテーマ　：「水」
学年の遊びのテーマ　　：「水と遊ぶ」

① 「なんだろう！？」の取りくみ（方向付け）

　自分たちの生活に欠かせない「水」を知っていくために、年少3歳児では、まず水に親しむことをテーマに、水を使ったいろいろな遊びに取りくみました。

　玄関には子どもたちが「なんだろう？」と、「水」に興味がわくようなディスプレイを用意しました。熱帯魚やえびがいる水槽を用意し、水の中の生き物の様子が観察できるようにしました（写真3参照）。"みずのまんげきょう"と名づけた手作りおもちゃで、ペットボトルの中にいろいろなものを入れて、浮き沈みの様子を見たり、物によって落ち方が変わってくる様子を見たりして、子どもたちだけで楽しんだり、保育者と一緒に楽しんだりしました。（写真4、6参照）。

　次の活動につなげる時の活動として、サークルタイムでも水槽に浮くものや沈むものを入れて遊び、保育者が浮く・沈む様子を、その状態と関連づけて何度も言語化します。子どもたちは聞くことで理解し、関連性も知っていきます。また、玄関には水を入れた舟を置き、水に浮くもの（プラスチックボールや船のおもちゃ、スーパーボール、スポンジなど）と沈むもの（石、ビー玉、濡れたタオルなど）を入れて実際に触

共通の玄関ディスプレイ

写真1：噴水

写真2：水の流れを示したディスプレイ

れ、感触を楽しみました（写真5参照）。またいくら沈めようとしても浮いてくるボールや絞るとたくさん水が出てくるスポンジに夢中になって遊ぶ子どもたち（写真7参照）もいました。おもちゃにタオルでふたをして水を運ぼうと試みた子は「あれ？　タオルから水が出てくる…タオルではだめなんだ…」と遊びの中でおもしろい発見をし、ますます水に興味を持っていきました（写真9参照）。そして、自然に「どうしてそうなるの？」という疑問を持ちはじめ、次の段階からの活動への期待感でいっぱいとなりました。

② 「みてみよう！」の取りくみ（見本をみせる）

　次に玄関ディスプレイで「水」に興味を持った子どもたちが、五感で水の性質を感じられるような活動を用意します。

　水は身近にあるものですが、その特徴は意外と子どもたちが知らないことがいっぱいで、「お水の色って何色かな？」「白〜！！」、「お水は手でつかまえられるかな？」「できるよ！！」など、子どもたちと話しながら実際にやってみました。すると水は「牛乳とは違う色だね。」「あれ？　つかまえても手からぽたぽた逃げていく…」と思っていたことと違うことに気づいていました。ではどうやって水をつかまえようか？と考えた時に、いろいろな形の入れ物やお皿やざるなど用意して試してみることにしました（写真10、11、12参照）。お皿に水を入れた子どもたちは「つかまえた！」と得意気に話していましたが、ざるに水を入れた子どもは「あれ？　落ちちゃった…」「この小さい穴から逃げるんだ！」と水の流動的な性質に体験を通して気づいていました。

　においや味も意識して飲む事がないので、「水はどんな味がするかな？」と尋ねると「甘い味！」「おいしい味！」と意見はさまざまだったので、どんな味がするか、どんなにおいがするか試してみました（写真13参照）。「味がしないね、においも…ないね。」と無味無臭であることを知り、改めて驚いていました。

　また、温度の違う水を触ってみることも試してみようと、お湯を入れた水、水道水、氷を入れた水を用意し、どういった表現をするかみてみました（写真14参照）。はじめは「こっちは熱い水！　こっちは冷たい水！」と言葉でうまく表現していましたが、温度が3段階あるので「こっちは…これよりも冷たい水…」と比較表現したり、水道水を"普通の水"、"ぬるい水"といったいろいろな言葉で表現していました。周囲の子どもたちも目ずと豊富な言葉を耳にし、水に関連する語彙も増えていきました。また、氷を取り出して置いていると、どんどん水に変わっていくので溶けると水になることも大きな驚きと発見でした。このように、生活の中で知っていることを改めて注意深く知る体験は、探究心を目覚めさせ、子どもたちの学びを確実なものにしていきました。自分

① 「なんだろう！？」の取りくみ（方向付け）

写真3：玄関ディスプレイとして水槽を設置。玄関を通るたびに熱帯魚の水槽を見る子どもたち

写真4：「水の万華鏡」を振ってみると中にキラキラ紙の渦ができる

写真5：おもちゃの船を水に浮かせて遊ぶ

写真6：「水の万華鏡」を上下逆さにするとビー玉は早く落ちて、ビーズはゆっくり落ちていく

写真7：ママボール（スポンジのように吸水性のあるボール）をぎゅっと押して水の中へ

写真8：石ころは沈んで、プラスチックボールは浮かんでいる

写真9：タオルで水をつかまえようとする

②「みてみよう！」の取りくみ（見本をみせる）

写真10：3つの容器で水をつかまえようと試みる

写真11：ざるに入れた水は穴から出ていった

写真12：穴が開いていなかったら水をつかまえられることを経験した

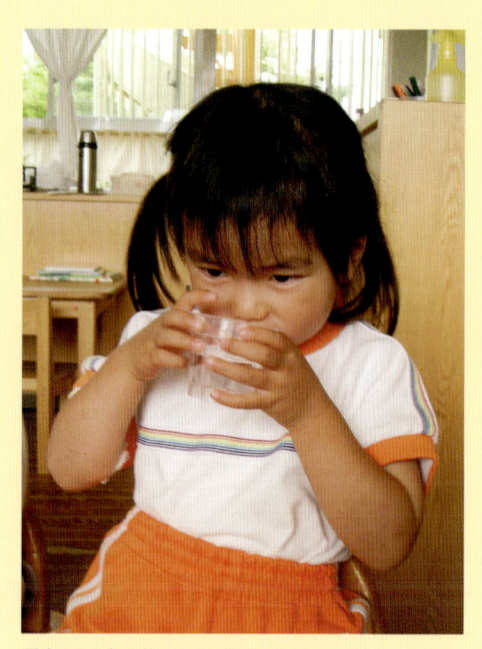

写真13：水を飲んでみる、においてみる

写真14：あったかい水、ぬるい水、冷たい水を触ってみる

が知っている「水」に関して、このように多面的な要素があることに気づいていきます。

③「どうしてそうなるの？」の取りくみ（理解を広げる）

　水がどんな性質を持っているのかを体験した後、水遊びをします。

　水の性質をいろいろな面から捉え、さまざまな水遊びを楽しみます（写真15、16参照）。洗濯ごっこでは、ハンカチをたらいの中に入れて、ごしごし洗って、干してみました。時間がたつにつれて乾いてくるハンカチを見て、「もうカラカラになってきたよ！」「水がついてない！　どうして？」と見せ合い、水はお日様の力で"乾く"ことを遊びの中で知りました（写真17参照）。

　園庭でのプール遊びでは、プールの水が流れていつのまにか小さな川ができていること（写真18参照）に子どもたちが気づき、その川を見た子どもたちが「砂場に大きな川を作ってみよう！」と、後日みんなで場所を変えて川作りをすることになりました（写真19参照）。しっかり掘って長い溝を作り、そこにプールで使用したたくさんの水を流しました。水がどんどん流れて川からあふれ、方々に流れを作っていきます。「こっちにも来た！　どうしてこうなったの先生？　どこへ流れていくの？　速く川をつくらなきゃあふれちゃう！」と、一生懸命次の流れを作っていきます。大きな川からいつしか子どもたちが作った小さな川ができあがり、それぞれの行く先に大きな池を保育者が作ってみました。すると、子どもたちの目の前に大きな水たまりが出現しました。「どろんこプールだ！」「わぁ、大きな池だ！」「海みたいになったね！」…などといろいろな言葉から子どもたちのイメージが聞かれました。また、高いところから低いところへ水が流れるという仕組みを、この砂場の川作りを通して体験しました。保育者は、子どもたちの質問や疑問にはきちんと丁寧に分りやすい言葉で説明することを心がけています。

④「もっとしりたいな！」の取りくみ（理解を深める）

　水を使った遊びをたっぷりした子どもたちは、次に水に何かを混ぜて水が変化することを遊びの中で体験します。子どもたちの前でコップの水に絵の具を混ぜていくとだんだん絵の具が溶けて透明だった水が色水に変わりました（写真20参照）。「うわぁ、きれい！」と喜ぶ子どもたちに、赤・青・黄の色水を用意し、「今からマジックをしてみるよ。」と色水を混ぜ合わせて色が変化していく様子もみてみました。「赤と黄色でオレンジ色になった！」「他の色も混ぜて！」「ぼくたちもやってみたい！」と、子どもたちから声が出たので、色水ジュース遊びに発展していきました（写真21参照）。色水を混ぜ合わせることで「混ぜると水が増えていくね。」と水かさが増していく様子も知ることができました。

③「どうしてそうなるの？」の取りくみ（理解を広げる）

写真15：お魚の絵をねらって、水鉄砲で的当て遊び

写真16：どろんこ遊びで汚れたおもちゃをザブザブ洗って皿洗いごっこ

写真17：ハンカチを水で洗って、物干し竿に干す洗濯ごっこ

写真18：プールの水で川ができた

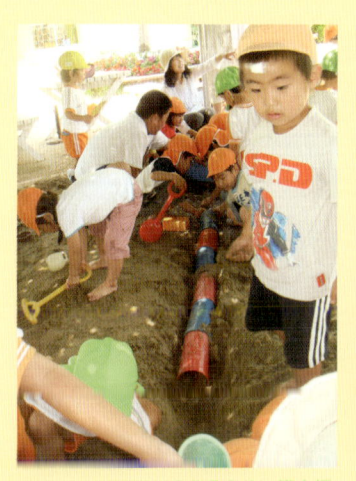

写真19：砂場に川を作るため、溝を掘って、水を流し、あふれた池からどんどん川を増やしていく

④「もっとしりたいな！」の取りくみ
　（理解を深める）

写真20：絵の具と水を混ぜた色水を見てみる

写真21：色水を混ぜてジュース作り

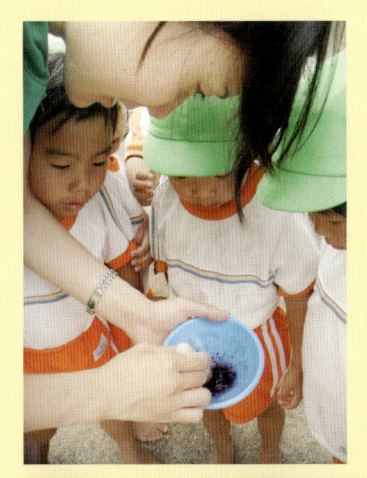

写真22：お花をすりつぶして水を加えると、色水のできあがり！　子どもたち同士で思い思いのお花ジュースを作る

また、園庭のお花を摘んですりこぎですりながら水を入れると、お花の色水ができることも知り、「今度はこっちのお花にしよう！色はどんな色になるかな？」と、やってみたいことをどんどん考えて、自発的に遊びを楽しむようになりました（写真22参照）。話で聞いたことが目の前で実現される活動の繰り返しは、より子どもたちに「聞く」大切さや、それによって「知る」喜びを感じさせているようでした。

まとめ

　「水と遊ぶ」というテーマですが、ただ遊んで楽しかった！　で終るのではなく、子どもたちの探究心や発想力を生かせるように保育者は準備をしたり、問いかけたりしなければいけないことがよくわかりました。水の性質を伝えたい…と思っても、年少3歳児の子どもたちには説明だけでは退屈で興味が持てません。ですが、自分で体験することで驚きや発見を見つけて楽しみ、保育者の話を聞いて、自分が体験したことと関連させることで、自然と知識を深めていくことができます。子どもたちと「水」を楽しむ活動をしてきましたが、テーマを一つに絞り込んで遊びを展開していった方がよかったのか、このようにさまざまな水に関する遊びをする方がよかったのか、これは今後の研究課題にもなってきます。ただ、「水」が持つさまざまな可能性や性質を知る遊びをしたことで、「水」の世界の一つの探索はできたかもしれません。「水」の性質を知り世界が少し広がった子どもたちは、年中4歳児の活動で、自分たちに身近な家の中にある水（お風呂、トイレ、歯磨き、洗濯、お花の水やりなど）に目を向けて、さらに世界を広げていきます。

　年少3歳児の活動はどこでも見られる光景でしょう。中関幼稚園でも、今まで子どもたちの水遊びといったら、事例のような遊びを子どもたちが展開していたように思います。しかし、たとえ年少3歳児の遊びであっても、保育者に言語を引き出したい、もっとその世界を模索して欲しいという具体的な学びの世界への思惑があるのとないのでは、「学びのある遊び」かどうかという点で、ずいぶん遊びの質が異なりました。また、子どもたちが遊びを繰り返す中で、聞いたことの記憶を言語化していくということを意識して、活動を広げていくことを大切にしました。

　保育者がそれらのことをいかに意識するかによって、子どもたちの学びは変化していきます。また、保育者が、ふだんからどれだけ敏感に繊細にものを見る視線をもち、好奇心をもっているかによっても大きく変わります。ふだんから、ごく身近なものに目を向け、疑問を持ち、探究しようという気持ちを持つか、子どもたちにそういったことにどう"気づかせていく"かということを、いかに意識しているかということが大切だと感じます。

年中 4歳児のプロジェクト

発達領域　　　　　　　：「世界の探索」
7月の主となるテーマ　：「水」
学年の遊びのテーマ　　：「家の中の水」

①「なんだろう！？」の取りくみ（方向付け）

　全学年共通の取りくみとして、玄関の中と外に水に興味が持てるような遊びをいろいろと用意しました。ペットボトルで作った「水の万華鏡」の中には、ビーズや色紙などさまざまな素材を入れています（写真1参照）。子どもたちは万華鏡を手にとって、逆さまにしたり振ったりして、素材がキラキラと落ちていく様子を楽しみました（写真2参照）。「あっ！ こっちの方が落ちるのが速いよ！」と、素材によって落ちるスピードが違うことに気づき、「どっちが落ちるのが速いかやってみようよ！」と、早速手に取って遊びはじめる姿が見られました（写真3参照）。また、外には噴水を置きました（P.189写真1参照）。止まることなくどんどん水が流れ出てくる様子に興味を持ち、水が出てくる

写真1：ペットボトルで作った「水の万華鏡」

写真2：「水の万華鏡」で思い思いに遊ぶ子どもたち

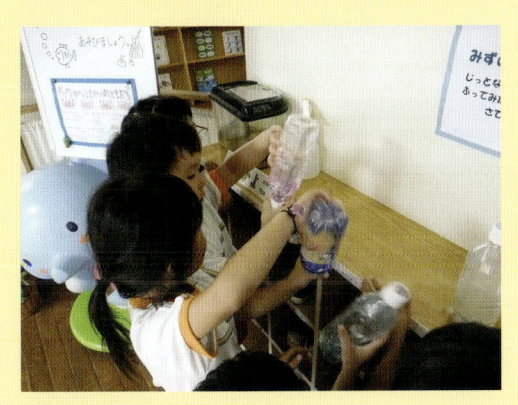

写真3：どっちが落ちるのが速いかな？！

写真4：噴水の水が出るところに顔を近づけて「水が出てくるよ！音がするね。」と言っている子どもたち

部分を指でふさいで、「どうやって出ているんだろう…？」と、不思議そうにしていました（写真4参照）。また、年少3歳児のときに「水」の遊びを幼稚園ですでに経験した子どもたちは、「先生、噴水だよね！」と友だちに話しかけている姿も見られました。年中4歳児では、「見て」理解したり、ものを見分けたり、物事を関連付けたりするちからができてきます。このことを踏まえて次からの活動の準備をしました。

② 「みてみよう！」の取りくみ（見本をみせる）
　園庭には水遊びコーナーを用意しました（写真5、6参照）。年少3歳児時の経験から、"冷たい"、"水で流すときれいになる"、"水は穴があるとそこから流れていく"という、水の特徴を知っている子どもたちは、「冷たくて気持ちいい〜」と、水に手をつけたり、「船に泥がついたからシャワーできれいにして！」「いいよ！」と、船やジョウロなどさまざまなおもちゃを使って水に触れ、遊びました（写真7、8参照）。
　「砂場にたくさんの水を流すとどうなるかな…？」子どもたちは「何かぬるぬるする〜！」「砂がべちゃべちゃになったよ！」「先生、ここ海みたいになった！」と、砂が水によって泥に変わっていく様子を見て楽しんでいました。そして、"水がたまる"、"道をつくるとそこに流れていく"という性質を生かし、「おっきい川作りたいから、この穴の中に水流して！」「山の中に、水のトンネル作ろうよ！」「泥だんご作ろう！」と、泥んこ遊びを楽しみました（写真9参照）。また、プール遊びのときにプラスチックの容器を使って遊びました。「先生、これに水入れたら沈んだよ！」「水で重くなったのかなぁ？」と、軽いものは水に浮くこと、重いものは沈むということを知りました（写真10参照）。

③ 「どうしてそうなるの？」の取りくみ（理解を広げる）
　年中4歳児のテーマが"家の中の水"ということで、自分たちの身の回りである幼稚園の中にも目を向けて、園内のどこに水があるのかを探し、園内の水回りの探検地図を作りました（写真11参照）。「どこに水があるかな？」「トイレ！」「玄関の魚の水槽！」と、みんなで思い出しながら地図を作り、探検していくなかで、自分たちの身の回りにはたくさん水があることを知っていきました（写真12、13）。
　「みんなが手を洗ったあと、その水はどこにいくのかな？」と、聞いてみると、流し台を見て「（排水溝を指しながら）この穴の中！」「う〜ん…下の方！」という答えが返ってきました。蛇口から出る水はどこにいくのか、実際に見てみよう！と、流し台の下を見てみました。扉を開けるとパイプがあり、「あ！この中を通ってるんだよ！」「音がするよ！」「水が下にいってる！」と、びっくりした様子でした（写真14、15参照）。そして、パイプの中をどんなふうに水が通っているのか、

② 「みてみよう！」の取りくみ（見本をみせる）

写真5：水遊びコーナー
水を張ったらい

写真6：船やジョウロ、風船、ボール、おはじきなどのおもちゃ

写真7：園庭の水遊びコーナーで自由に遊んでいるところ

写真8：ジョウロで船をきれいにしているところ

写真9：泥んこ遊び

写真10：プール遊び

199

③「どうしてそうなるの？」の取りくみ（理解を広げる）

写真11：園内の水回りの探検地図

写真12：水探し探検

写真13：園内のどこに水があるか探しているところ

写真14：使ったあとの水はどこにいくのかな？

写真15：水が流れている流し台のパイプを確認

写真16：流し台のパイプの模型を作って、色水を流して遊んでいるところ

流し台の模型を作って、配水管を透明パイプにしてわかりやすくし、自分たちで色水を流してみました（写真 16 参照）。

④「もっとしりたいな！」の取りくみ（理解を深める）

　子どもたちのもっと知りたいな、もっと見てみたいなという好奇心は広がります。「それじゃあ、流し台の下のパイプの水はどこにいったんだろう…？」「下に行ったから土の中じゃない？」「知ってる！　外に行くんだよ！」と、みんなでいろいろ想像したり、考えたりして話し合いました。そして、それから外のパイプを見に行ってみようということになりました。「このパイプを通って出てるんじゃない？！」と、水の音を頼りに探し、そばの溝を見て「あそこから水が出てるよ！　やっぱり外に行くんだ！」と自分たちが話し合い、体験してみて知ったことをとても喜んでいました（写真 17、18 参照）。この年齢の子どもたちは見たものを全体的に把握する力が備わってきます。子どもたちの知的な好奇心を見逃さず、「見て」理解する発達段階に応じた遊びや学びを準備することで、遊びは一段と広がりました。また、下水道の話や川の汚染などについて話し、水に関する話も少し広げてみました。

　遊びの中では、園庭でたらいに水をためて洗濯ごっこをして遊ぶ姿や、自分のハンカチを洗濯して、絞って干す遊びも楽しんでいました。「きれいになったかなぁ？」「お天気いいからもう乾いたかなぁ？」「このお水はどこにいくの？」と、水に興味をもったことで、水が蒸発して"乾く"という自然の仕組みの不思議さにも気づいていきました（写真 20 参照）。物ごとの仕組みや概念を探究しようとする気持ちが、いろいろな経験を通して、子どもたちの心に芽生えてきています。

まとめ

　水は身近にたくさんあり、子どもたちが大好きなテーマです。

　年少 3 歳児の時に「水と遊ぶ」というテーマで実際に遊びを通して自分で体験し、水は無味無臭であることや穴があいている容器で水をすくっても流れてしまうことなど、水の特徴について知識を深めた子どもたち。年中 4 歳児では、特に"家の中"に目を向けて、水についてもっとたくさん知って欲しい、水の大切さに気付いて欲しい…そんな思いでプロジェクトに取りくみました。7 月はプール遊びがあり、子どもたちもより興味を持って取りくむことができたのではないかと思います。

　まずは、水に触れて遊んだり、水の音を聞いたり、プール遊びや泥んこ遊びをしたり……と、展開していく中で、特に「水」に意識がいくように、言葉やいろいろな道具を使ってみました。「冷たくて気持ちいいね！」「お水使ったら、砂場がべちゃべちゃになった！」「おっきい海になったぁ！」と、水の感触や、水によって起こった変化を見て、水のい

④「もっとしりたいな！」の取りくみ
　（理解を深める）

写真17：水の流れを追いかけて外のパイプを見に行ったとき

写真18：「あ！あそこから水が出てるよ！」

写真19：洗濯ごっこをして遊んでいるところ

写真20：洗濯ごっこで洗濯物を干しているところ

ろいろな性質について知り、言葉で表現していました。年少3歳児の時に、容器ですくえるけれども、穴があると流れていくという水の流動的な性質について体験して得た知識を活かして、プール遊びのときに、「（穴があいている容器に水をためて）先生見て！　シャワーみたいでしょ！」と、遊ぶ姿が見られました。また、みんなでプールの中をぐるぐる回って洗濯機遊びをして、「（プールの中を回った後に）渦巻きみたいなのができたよ！」「（渦巻きができたところに物を浮かべて）あ！　渦巻きの方に流れていった！」「反対に回ったら、水もさっきと反対になったよ！」と、水の流れには方向があることや、物を運ぶ力があるということを知っていきました。
　言葉でさまざまに表現し、想像力も広げていきました。水に十分興味

を抱かせ、次に"家の中"や"幼稚園の中"に目を向けて、どこに水があるのか、その水をどのように使っているのかを、水探しの園内探検をして地図を作りました。地図を見ながら「手を洗うときとか、トイレとか、水を流したらきれいになるよ！」と、水の役目や働きについてもお話しました。子どもたちは家や幼稚園のいろいろな所で水が使われていることを知り、同じ水でも使う場所によって役目が違うことに気づいていきました。お茶や氷も元は水からできていると知り、驚いていました。そんな身近なところにたくさんある水や、蛇口をひねったら出てくる水は、使ったあとどこへ行くのか？という疑問を子どもたちに投げかけてみました。すると子どもたちは思い思いに自分の考えを言葉で表現しました。それを元に流し台のパイプの水の流れを追いかけ、水の世界を探索しました。自分たちの考えたことが実際と合っていて、水の流れを見て知ることができ、それを正確に捉える機会を得ることができます。

　また、年長5歳児での活動につなげるため、下水や水の汚染についても話しました。子どもたちの"知りたい"、"もっと学んでみたい"という欲求を、どんどん遊びに展開して満たしていくことは、学びが楽しいということにつながっていくのではないかと思います。

　今回は"家の中"という身近にある水について気づき、実際に「見る」体験を通して、一人ひとりが水について考え、その流れを追いかけ、クラス全体で話し合うことができました。水の世界を探索していく中で、「水は使いすぎてはいけないね。」と、子どもたちなりに水の大切さにも気づいてくれました。「見る」ことで物事を関連させ、考えることができたことは、今回のプロジェクトの大きな収穫です。年長5歳児になったら「外の水」というテーマで、川の水を追いかけて、海に行きます。そのときに今回経験したことを生かして、さらに「水」について楽しみ、深く考えられるように取りくんでいきたいと思っています。

年長 5歳児のプロジェクト

発達領域　　　　　　　：「世界の探索」
7月の主となるテーマ　：「水」
学年の遊びのテーマ　　：「外の水」

① 「なんだろう！？」の取りくみ（方向付け）

写真1：玄関ディスプレイの壁面。雨が降ったあと、その雨水はどこへいくのかを表している

写真2：雨の中、雨具をつけて散歩

写真3：ふだんは何気なく見ている雨も、注目して見てみることで、子どもたちのさまざまな発見につながった

写真4：雨って飲んでも大丈夫なのかなあと相談している

年少3歳児・年中4歳児の取りくみを経て、年長5歳児では自分たちが使用した水がその後どうなっていくのか、自分たちを取り巻く周りの環境に目を向けていきました。

　玄関には、雨が降ったときに雨水がどのように流れていくのかを表したディスプレイで、壁面を飾りました（写真1参照）。子どもたちは、このディスプレイをみて、まず雨が降っていることに注目し、実際に雨水は川を伝って、どのように海へ流れていくのか見てみたいと、興味を持ち始めました。（写真2参照）。そこで、まずは雨の日にカッパを着たり、傘をさしたりして、園庭を散歩しました。（写真2、3参照）。カッパや傘にあたる雨粒の音に耳を澄ませたり、水たまりに雨粒が落ちたときの水たまりの様子を観察したりすると、「水たまりに雨が落ちると、丸い模様がたくさんできるね！」「お花は雨の水も飲んでるんだね。」などと発言し、体験したことのある事柄でも、その事柄に着目して注意深く観察したことで、子どもたちの中で新しい発見になったようです。また、雨粒をカップにためてみると、「雨がピシャってはねたよ。」「雨って飲んでも大丈夫なのかなあ？」と友達同士で会話をする様子が見られました（写真4参照）。

　子どもたちの発言を受けて、もう一度玄関のディスプレイを見てみると、「降った雨が川になるよ。」「田んぼにも水があるよ。」と周辺の「水」に気づいていました。次の段階では、雨が川を流れる様子、田畑の農作物に使用できるようにしているところに着目していきます。

②「みてみよう！」のとりくみ（見本をみせる）

　年中4歳児の取り組みで、家の中のどこで水を使用するのか、使用したあとはどこへ行くのかを、子どもたちは理解していきました（年中4歳児の取り組み参照）。年長5歳児では「なんだろう？」の取りくみ（方向付け）で、玄関に飾られたディスプレイを見ながら、家の外のどこに水があるのかを聞いてみました。「雨」「海」「川」「田んぼの中」など、見つけた場所を子どもたちが発表し、その場所へ実際に出かけていき、知識を広げていきました（写真5、6参照）。

　幼稚園の周辺を散歩していると、田んぼの他にも、蓮田や畑で栽培している野菜などにも目を向け、「大きく育つためには水がいるんだよね。」と、友だち同士で会話する姿も見られました（写真7参照）。家で使用した生活排水が、パイプをつたって溝に流れている瞬間を目にし、「水って、使ったらこういうふうに流れていくんだね。」と新たな発見があったようでした。また、近年地域的に下水道工事が進んだため、「自分のお家から水が流れていく様子を見ようとしたけれど、見ることができなかった。」と、家庭に帰ってからも、独自でプロジェクトにふれていこうとする姿も見られました。

② 「みてみよう！」の取りくみ（見本をみせる）

写真5：生活排水が溝に流れている様子を見ている

写真6：園の近くで米作りしているご家庭を訪ね、見学させていただいた

写真7：幼稚園の周りには蓮田もあり、10月中旬にはレンコン掘りの様子も見に行った

写真8：園庭の砂場で、玄関ディスプレイと同じように山、川、田んぼ、海などを作って、水を流して遊んでいるところ

写真9：溝を掘り、川に見たてて水の流れを確認している

さらにふだんの泥んこ遊びの中で、玄関ディスプレイのように大きな山を作り、その山から川に水が流れていく様子を観察しながら遊んでいました（写真8、9参照）。泥んこ遊びをしながら「山の方が高いから、水は下へ流れていくんだね。」と、水の性質を理解した発言が子どもたちから聞こえてきました。
　3つ目の段階では、生活排水はどこへ行くのか、玄関ディスプレイのように海までつながっているのかに着目して見ていきます。

③「どうしてそうなるの？」の取りくみ（理解を広げる）
　この段階では、幼稚園からバスに乗って近くにある川をたどっていき、川の水が海へとつながっていることを実際に見ていきます。（写真10、11、12、13参照）。散歩に行く前にご協力していただく地域の方に、この地域にまつわる水に関するいろいろなお話をしていただきました。
　川の流れに沿って歩いていると、「海のにおいがしてきたから、もうすぐ海が見えるはずだよ！」と、浜風にのった潮の香りを感じていました。海につながる水門の先をのぞいた子どもたちは、「本当に海につながってるね！」と、自分たちが知識として持っていたものが確信へと変わる瞬間を体験していました。
　浜辺では、複雑な形をした貝殻を探したり生息している生物を観察して楽しみました（写真14、15参照）。カニやヤドカリ、さまざまな形の貝殻など、自然のままの姿の生物たちに、子どもたちは興味津々でした。
　五感をすべて使った実体験を通して、子どもたちには更なる探究心が芽生え、「あの海の先には、どうやっていくの？」「船で行くんだよ。」「どこにたどり着くのかな？」と、友だち同士で想像しながら会話を楽しむ姿がみられました。
　年中4歳児からの子どもたちの様子を見ていると、子どもたちの視点が家の中から一歩家の外へ、自分の家の周りから地域へ、さらに世界へと広がっていっているのがはっきりと感じられます。子どもたち同士の会話にも、それは顕著に表れていて、「水」というものを通して、見たことのない世界を想像することができるようになりました。
　最後の段階では、実際に海を見てきた子どもたちが、本当に世界へつながっているのかを確かめたり、自分たちで雨を再現して、川から海へとつながっていく様子を遊びの中で再現したりしていきます。また、今までにふれてきた人間の生活に欠かせないものとしての「水」の存在とは違った面の、自然災害をもたらす「水」の姿にもふれていきます。

③「どうしてそうなるの？」の取りくみ（理解を広げる）

写真10

写真11

写真12

写真13

写真14

写真15

写真10〜15：地域の方々の協力の得て、溝から川、海へとつながる水路のそばを散歩したとき。水の流れをたどっていき、その先に海を見たとき、「本当に海に着いたね。」ととても感動している子どもたち

④「もっとしりたいな！」の取りくみ（理解を深める）

写真16：地球儀を見て、海のつながりを知っていく

写真17：2月お遊戯会で、このプロジェクトを題材に、世界に目を向けた創作劇を作り、行った子どもたち

写真18：雨が川を伝って海に流れていく様子を再現し、みんなでみている

写真19：実際に見てきたものを自分たちで再現して遊んでいるところ

　溝から川、海までの道のりを歩いた子どもたちは、自分たちの家で使用した水が、川をつたって海まで流れていくことを知りました。ここでは、前回の子どもたちのつぶやきから、海を進んでいくと本当に他の国へ行けるのか、また散歩をしたときに見てきた風景を自分で作り出して遊ぼうということで、幼稚園の近くにある山から川をたどって海へ流れていく様子を自分たちで表現してみました。
　まずは、海がどのようにつながっているのか、世界へ目を向けるために地球儀をクラスルームに置きました（写真16参照）。自分たちの住んでいる地域が、世界から見てみるととても小さいことにとても驚いていました。さらに、「世界にはいろんな国があるんだね。」「アメリカってテレビで見たことがあるよ！」「このあいだ見た海から他の国へ、海をたどっていけばいけるんだね。」と友だちと話していました。
　次に箱庭を用意し、その中に山、川、家、船などを紙粘土で作ったジオラマを用意し、じょうろから流れる水を雨水に見立てて、実際に見て

きたものを自分たちで表現して遊びました（写真 18、19 参照）。
　箱庭を使って自分たちで雨を降らせてみると、「川を流れていくと海につながるんだよね！」「見てみて！船が浮かんできたよ！」と箱庭の中の変化をお友だちと楽しむ姿が見られました。
　また、水の違った一面にもふれてみました。私たちの地域では大雨に見舞われた年があったのですが、この箱庭で遊びながら、土砂災害のときのことを思い出し、「大雨のときは、水が沢山たまるからお家に水がたまってきて危ないね。」など、子どもたちからいろいろな発言が出ました（P.17 参照）。

まとめ
　「水」のプロジェクト幼児教育では、「水」というものをいろいろな角度から子どもたちにふれることができるような取りくみを行いました。年少 3 歳児では、水遊びや水を使ったごっこ遊びで、遊びながらも水の性質に気づくことができました。年中 4 歳児では、年少 3 歳児のように水遊びをしながらも「家の中の水」に着目し、水の用途に注目できるようにしていきました。年長 5 歳児では、「水」が生活に欠かせないもので、そこから世界を想像すること、自然の雄大さに気づくことができました。
　実際の子どもたちの理解到達度には個人差があります。そのため、全体での活動をした後、全員で共通理解するために、朝と降園前のサークルタイムの時間を利用して、一人ひとりがみな、同じように理解ができるようにしていきました。疑問をクラスのみんなに投げかけたり、子どもたちが質問できる時間を設けたりすることで、理解はさらに深まっていったように感じています。
　各学年での取りくみがスパイラルになって、繰り返し取りくむことで記憶に残り、さらに学年に合わせて発展させていくことで情報量が増え、子どもたちの中に知識として蓄積されていきます（P.186 図 1 参照）。
　生活を豊かにする「水」、世界につながる雄大な「水」、自然の猛威によって被害をもたらす「水」。さまざまな側面から水というものにふれることができ、子どもたちの興味関心がずっと保たれたまま、プロジェクト型幼児教育を進めることができました。このような取りくみには地域の方々の協力が必要不可欠なので、日々の連携も大切となってきます。

第5章 ●スパイラルに学ぶ スマートプロジェクトメソッド実践例

中関幼稚園でのお遊戯会の取りくみ

　プロジェクト型幼児教育に取りくむにあたって、日本の代表的な保育スタイルともいえるお遊戯会などの行事をどうプロジェクト化していくかということは、非常に難しい課題でした。初めはまったくの手探りで、もう一度プロジェクト型幼児教育を見直したり、幼稚園教育要領とすり合わせたり、小学校の授業見学をしたり……と、検討を繰り返す日々でした。そんなさまざまな試行錯誤を経て、単なるタレントショーだったお遊戯会は、しっかりとした教育プログラムとして裏づけされたものとなり、保育者の意識が変わっただけでなく、子どもたちの行事への取りくみ方やかかわり方、表現なども、従来とはずいぶん変わってきました。中でも特に年長5歳児の取りくみは、すてきな創作劇へと発展しました。では、どのような取りくみをして、どのように中関幼稚園のお遊戯会が発展してきたか、それをここでご紹介したいと思います。

玄関ディスプレイ（3学年共通）

布に各国の民族衣装を描き、体にあてて遊べるようにしてある。また、カメラのおもちゃも置き、撮影ごっこができるようにもなっている。

　1月に「衣服」をテーマにしたのは、私たちの園では2月にお遊戯会を行うからです。お遊戯会のときには、さまざまな衣装に触れ、身にまといます。そこで、「衣服」に特に意識して子どもたちの興味・言語を引き出し、お遊戯会へつなげてみようという取りくみをしました。

　多面的にお遊戯会を考え、子どもたちがいかに主体的にかかわれるかを念頭におき、あくまでもプロジェクトの一環として、「もっと知りたいな（理解を深める）」お遊戯会があるという理解で取りくみました。

「どの服が好き？」「わたしは日本の着物がいいな」などと、お友だちと話している

世界地図を貼り、いくつかの国の民族衣装と、あいさつの言葉を掲示している

211

年長 5歳児のプロジェクト　創作劇

発達領域　　　　　　　　　：「表現の発達」
1月の主となるテーマ　　　：「衣服」
学年の遊びのテーマ　　　　：「わたしってどういう人？」

①子どもたちのアイデアで作るオリジナルのストーリー作り

　私たちの園では、年長5歳児は年間を通して経験した現実の世界から、想像の世界へと続いていくお話作りをしています。オリジナルのストーリーを考えることで、子どもたちの想像力をかきたて、そこからさまざまな言葉を引き出せると考えるからです。

　子どもたちが経験した体験を思い出せるように、クラスルームに年間の予定表を作り、プログラムや行事が終わるたびに写真を掲示していきました。これにより、子どもたちが経験した事柄がひと目でわかり、思い出を言葉で表現しやすくなりました。また振り返ることで時間の理解にもつながりました。他の月のプロジェクトで経験したことも、創作劇を作るうえで大切な役割を果たします。ご紹介する例は、子どもたちがハッピーサマーキャンプを思い出し、「またみんなでどこかに行きたいね！」というつぶやきから話が始まり、どこに行ってみたいかを提案しながら、子どもたちみんなでストーリーを考えていったものです。

　話の構想は、サークルタイムで練っていきます。保育者が子どもたちの発言やイメージしたものをスケッチブックやホワイトボードに描きながら、子どもたちと一緒にお話を作っていきます。また、いつもお部屋においている地球儀や地図なども子どもたちのイメージをふくらませるアイテムになっています。

　ある程度お話ができると、担任以外の保育者に見てもらい、ストーリーは伝わるか、もっとわかりやすくできないかなど、客観的な視点で意見をもらうことで、その日初めて劇を見る保護者の方にもわかりやすいものにしていきました。

　お遊戯会では、保護者の方に事前にあらすじを配布し、話の内容がより詳しく伝えられるよう配慮しました。ご覧になられた保護者の方からは、子どものイメージするもの、その想像力、イメージそのものを作り出す創造力にとても驚かれていました。下記は、保護者の方に配布したあらすじのお手紙の内容です。

　ご覧になった保護者の皆様からは、「子どもたちのいきいきとした演技に感動しました。」「家でも子どもから途中経過を聞いていたので、楽しみにしていました。」というような声が聞かれ、子どもたちの自発的な行動、演技に成長を感じておられるようでした。

あらすじ紹介

　楽しかったハッピーサマーキャンプを思い出しながら、クラスのみんなで「また、みんなでキャンプに行きたいね」「今度は旅行に行こうよ」とお話ししていました。「ぼく、ここに行ってみたいな！」「わたしはここがいいな！」思い思いに自分たちの経験や夢を語ります。家族で旅行に行ったところや昔住んでいたところ、今話題のところなど、子どもたちのおしゃべりは止まりません。すると、お部屋にあった地球儀が突然回り始め、みんなは地球儀に吸い込まれてしまいます。「ここはどこ？」気がつくと、そこは……！？　お話ししていたところに本当に来てしまいます。日本中、世界中のいろいろなところへ行き、いろいろな人に出会い、言葉を通じて励まされながら旅をします。「こんなことしたいな」「あんなことしたいな」と、子どもたちの願いひとつで世界が広がります。友だちを信じて、力を合わせて助け合う、心をひとつに願う……すると、願いは必ず届く。夢は叶う。未来は開ける。

つきぐみの子どもたち「地球儀旅行～世界中のみんなともだち～」

劇の小道具作り

クラスのみんなで取りくむ

その他の年長5歳児の創作劇

ほしぐみ「春の国の大冒険～心をひとつに～」

にじぐみ「みんなのレインボーサーカス団」

年長5歳児はお遊戯会という行事を、衣服のプロジェクト型幼児教育の発達領域である「表現の発達」に重点を置き、子どもたちからの発言や発想を取り入れながらお話を作っていきます。製作の過程では、さまざまなイメージを持つ子どもたちの意見や考えを、ひとつにまとめていくことがなかなか難しかったのですが、サークルタイムの時間に意見を出し合ったり、子どもたちだけの考えだけでなく、保育者からもイメージできそうな写真を見せたり、一緒にインターネットや図鑑で調べたりしながら、クラスみんなの意見を1つにまとめていきます。自分が考えたことを言語化し、同じクラスの友だちと意見交換して、共通理解を繰り返すことが言語の発達につながり、子どもたちが積極的に取りくむ姿勢を持てるようになること、さまざまなイメージを実現できたことへの達成感が味わえることが、この創作劇の取りくみの醍醐味だと思います。

②自分たちの衣装はどんなもの？

　自分の演じるキャラクターが決まると、その人物にあわせた衣装を考えていきます。衣装はイメージしやすいように、職業カードを用い、仕事をするときのユニフォームがどのようなものなのかを見たり、過去のお遊戯会で使用したさまざまな衣装を身につけて遊んだりします。この取りくみを行うことで、のちに子どもたちがデザイン画を描くときに役立ちます。またスト

プロジェクトコーナーにさまざまな職業の人が描かれたカードを用意し、それを見ながら、その人たちがどんな服を着ているのか、その服の役割などを話しあう

衣装合わせ

友だちと楽しみながら衣装のイメージをふくらませている

ーリーを考える中で、お話に出てくる舞台装置も子どもたちが作ります。子どもたち同士がキャラクターの演じ方やしゃべり方を考え、保育者もその話し合いに加わり、何度も意見交換をしながらお話を作っていく中で、イメージが思い浮かばないときや、いいアイデアがひらめかないときには、ここでもインターネットや図鑑などの資料を持ち出して、一緒に調べることで、クラスみんなで共通理解をしていきました。

その後でキャラクターをイメージしながら、ぴったりの服を楽しくデザインしていきます。デザインする際には自由画帳を用いて、服の形、袖・裾の長さ、模様、色、装飾品などを自分で考えて描いていきます。保育者はそのデザイン画を元に子どもたちと話し合って、衣装を制作していきます。子どもたちのアイデアがふんだんに入った衣装をデザインすることで、自分の演じるキャラクターに愛着が生まれ、演じる喜びとなっています。

創作劇への発展の基盤となる年中までのプロジェクト

私たちの園のプロジェクト型幼児教育は、発達領域を考慮し、月々の主となるテーマ、学年のテーマを設定して行っています。また、学年が上がると学年のテーマとして掲げたものが1つステップアップした内容を経験するようになります。子どもたちが園で体験する内容が1年ごとに学年に合わせて高度な内容へと変わっていくのです。今回のように、1度経験したことが他の月にも活かされ、さらに次年度に経験することの土台となって、子どもたちに積み上げられていきます。こういったスパイラルの経験が、子どもたちへの遊びの基盤を作って行く。これこそがプロジェクト型幼児教育の魅力ではないかと思います。

創作劇の取りくみを始めて5年が経ちます、いきなり子どもたちに「みんなでお話を作ってみよう。」と提案しても、子どもたちはイメージがわいてこないと思います。では、どのようなことを事前に経験していれば子どもたちが創作劇の取りくみに戸惑うことなく意欲的に取りくんでいけるのかを、話し合いました。そして創作劇の取りくみを行う前に、年少児、年中児のときにも言語の発達をテーマとした取りくみを行い、子どもたちの想像力を高める活動、イメージしたものを創り出すことを楽しめる活動を提供していくことにしました。では、その中の取りくみとして代表的なものをご紹介いたします。

年中　4歳児のプロジェクト　ファッションショー

発達領域　　　　　　：「表現の発達」
1月の主となるテーマ　：「衣服」
学年の遊びのテーマ　　：「わたしに注目！」

ファッションショー

　年中4歳児は1月に、「わたしに注目！！」という学年のテーマをもとに、自分が主役になれる遊びを取り入れることにしました。子どもたちはごっこ遊びが好きで、クラスルームでは、ほぼ毎日ままごとコーナーでごっこ遊びを展開しているので、その遊びを発展させて、「衣服に関連していて、一人ひとりが主役になり輝ける遊び」を考え、自分の好きな服をつくり「変身」してみんなに見てもらう機会をつくろうとファッションショーを企画しました。

　初めに、いろいろな衣服に関する絵本を見てイメージを膨らませたり、「どんな服を着てみたいかな？」と考えたりして、自分の着てみたい服を描きました（写真1参照）。服づくりは保護者の方にもご参加いただき、子どもたちがデザインした服を元に、親子で制作していきました（写真2、3参照）。親子同士で「大きなリボン付けて！」「キラキラのポケット付けよう！」「ぼく、剣持ちたいな！」「鞄も作っちゃおう！」「前も後ろもカッコイイ服にしよう！」などと、会話を楽しみ、アイデアを出し合いながら服づくりを進めることができました。その後、できあがった服を子どもたちが身につけてホールに集まり、音楽と共に舞台に立ち、ファッションショーを開催しました（写真4、5、6参照）。

　幕が開くと、みなそれぞれ自分で考えたポーズを決めて立ち、司会者に扮した保育者に名前を呼ばれた子から、実際のファッションショーのようにウォーキングし、舞台中心で決めのポーズをとります。保育者は一人ひとりのファッションポイントを説明し、保護者の方には観客になって手拍子をしながら見ていただきました。人前で自分なりの表現をすることで、年中の遊びのテーマである、「わたしに注目！」というテーマを達成することができました。

　このファッションショーでは、舞台で表現する楽しさ、喜びを味わえたようでした。中には人前に出ることが以前よりも好きになり、堂々とできるようになった子もいました。この取りくみが創作劇の衣装をデザインする場面でとても役立ちます。年長5歳児になったとき、年中4歳児で一度経験しているので、子どもたちは想像力を働かせてやる気をもって取りくめるようになるのです。

　また、自分で服のデザインをするときに、お友だちと「何色の服にする？」「ポケットは何個つける？」と会話をはずませたり、服づくりのときに、「このリボン使っていいよ！」「これ一緒につくろう！」とコミュニケーションをとったりすることで、プロジェクト型幼児教育法で重要視される「言葉の発達」まで到達できたと思います。

第5章 ● スパイラルに学ぶ スマートプロジェクトメソッド実践例

写真1：いろいろな服（民族衣装、ドレス、着物）の写真を見て、それぞれの服の違いを見ている

写真2：家の人と一緒に衣装合わせ

写真3：ファッションショーで自分が着てみたい服をデザインし、家の人と一緒に作っているところ

写真4：ファッションショーの様子

写真5：衣装を着てウォーキングしてポーズをとっている

写真6：世界にひとつだけの服ができた

217

年少　3歳児／2歳児のプロジェクト　人形劇

発達領域　　　　　　　　：「表現の発達」
1月の主となるテーマ　　：「衣服」
学年の遊びのテーマ　　　：「なにを着ようかな？」

ままごとコーナーで、ごっこ遊びを楽しむ子どもたち

さまざまなお話にもふれていきます

衣装を身につけてお話の中の登場人物になりきって遊んでいます
注）2歳児、年少3歳児はさまざまなお話にふれる時間を十分に設け、登場人物になりきってセリフを言ったり動いたりすることで、お話の世界に入り込んで遊んでいけるようにしている

人形劇

　私たちは、年長5歳児が自分たちでお話をつくるためにはさまざまな体験が必要だと思っています。自分たちが体験したことへの感動を相手に伝えるためにお話をしたり、身振り手振りを使ったりして伝えることで、言語表現の発達、身体表現の発達につながっていくと考えています。次にあげる取りくみは年少3歳児で取りくんだ人形劇の取りくみです。年少3歳児の学年のテーマは、「なにを着ようかな！」です。いろいろな人物に変身するために、服や帽子とたくさんのアイテムを使い、よりリアルに他者への変身を助けます。その表現活動の中からより言語の発達をうながしていきます。その取りくみを紹介します。

取りくみの手順

① 保育室に"かえるくんのとくべつなひ"の絵本を飾ります。
　絵本を見た子どもたちが、「これ、なんの絵本？」と興味を示したら、保育者は「どんなお話かな？楽しそうだね。」と期待を持たせるように話します。

② 次に、保育者が「中をちょっと見てみようか。」と、字は読まずに絵だけを子どもたちと見ます。子どもたちは、「どんなお話かな？」「あっ、かえるくんが泣いているよ！」「どうしたのかな？」「あっ、パーティーをしているよ！」と絵を見て、自分の思ったことを発言していきます。

③ イーゼルを使い絵本を読みます。その時に、少しオーバーなぐらいに抑揚や身振り手振りをつけます。子どもたちからは、「"かえるくんのとくべつなひ"って、誕生日だったね。」「ぼくも、誕生日にケーキを食べたよ。」などと自分の体験と照らし合わせて話す言葉がおおく聞かれました。

④ 保育者が、人形劇を行います。ピアノで音を入れながら子どもたちの様子に合わせて話していきます。みんなでハッピバースデーの歌を歌ったり、パーティーでお菓子を食べたつもりになったりして、楽しみました。

⑤ 人形劇に使った人形を保育室に飾ります。子どもたちが自由に手に取り、かえるくんごっこができるようにします。「あっ、かえるくんだ！」「こんにちは」「ぼくは、ねずみくんがいいな。」と思い思いの人形を使い遊びます。

⑥ ままごとコーナーで人形を使い、遊びが進み始めたころに、「かえるくんの誕生会をしてあげない？」と提案して、みんなでケーキやお菓子をつくったり、パーティーの飾りつけをつくったりします。「わたしは、りんごをつくりたい。」「クッキーもつくるよ。」

⑦ 登場してくる動物の帽子を用意し、登場人物になりきって遊びます。

「こんにちは、お誕生会に来ました。」「おたんじょうびおめでとう」「ケーキをどうぞ。」「プレゼントをあげるよ。」「ありがとう」「ケーキをどうぞ。」など、自分が体験してきた言葉で話していました。

　1冊の絵本を、いくつかの段階に分けて子どもたちに読み聞かせていきました。人形を用いることでより興味が湧き、お話の中に入り込むことができました。

　「かえるくんは、このときどんなきもちだったのかな？」「どうして○○だったのかな？」などと子どもたちに問いかけていき、一人ひとりが考えながら人形劇を見ていけるようにしました。お話を読み進めるうちに、子どもたちの反応が初めて読んだときとは違う考え方や反応になっていくのを感じたので、一人ひとりの反応を注意深く見て、意見や気付きを聞き出していきました。自分の言葉で意見交換する中で、初めは発言したり考えたことをいったりすることが苦手な子どもも、徐々に自信がもてるようになりました。

『かえるくんのとくべつな日』
セーラー出版
マックス・ベルジュイス　文と絵
清水奈緒子　訳

同じ話の内容でも、「絵本」のように平面で見る場合と、「人形劇」のように立体で見る場合とでは、登場人物への愛着の度合いに違いがあり、人形を用いることで、より登場人物の立場に感情移入して見ることができ、自分だったらどうするか、どんな気持ちかとより深く考えるようになったと思います。

この取りくみでは、話の内容が見ている相手に伝わるように保育者が演じて見せています。演じることの楽しさや、観客を引き付ける演出の仕方、登場人物の背景やお話の中に出てくる道具を準備して絵本と同じように演じることで、内容が伝わりやすくなることを子どもたちは感じとり、自分たちがお話を作るという時に、どうように演じたらいいのか、また登場人物を際立たせる演出の仕方を見て学び、この経験が創作劇を作る時に、子どもたちの発想を豊かにし、またどのような演出をしたらいいのか考え、創り出していく取りくみができるのです。

このように、創作劇を取りくむにあたって子どもたちにいきなり提案しても、子どもたちはイメージできない上に、どのように取りくんでいけばいいのか想像することもできません。しかしそのために何か特別なことをしなければいけないというわけではありません。園での日ごろの保育の中にそのヒントがあり、きちんと保育者が意味合いをもって取りくむこと、今後の保育スケジュールを考えてそれまでに何をしたらよいのか、子どもたちに伝えたいことは何かを明確にすることが大切です。保育者間の話し合いを何度も繰り返すことで、子どもたちへ何を感じてほしいのか、そのために私たちは何をするべきなのかが明確になってくると思います。

自分で学んだ抽象的体験
- 創作劇
- 職業カード（仕事のユニホームなど）

知識的体験・現実的体験
- 衣服のカード（民族衣装・ドレス・着物）
- 服をデザインする（デザイン画作成）
- ファッションショー

知識的体験・現実的体験
- 玄関ディスプレー
- 衣服の季節のパネルシアター
- 衣服のカード（パジャマ、エプロンなどのシーン別）
- ドレスアップコーナー（ごっこ遊び）

2歳児・年少3歳児　　年中4歳児　　年長5歳児

2歳児のプロジェクト教育

　プロジェクト型幼児教育はいつから始めるのが適当なのかを考えていくために、中関幼稚園やきんこう第二保育園で、2歳児のプロジェクト教育に取りくみはじめました。その内容と成果をここでご紹介します。

2歳児　水のプロジェクト　……中関幼稚園

発達領域　　　　　　：「世界の探索」
7月の主となる遊びのテーマ：「水」
学年の遊びのテーマ　　：「水と遊ぶ」

① 「なんだろう？」の取りくみ　（方向付け）

　ボール状の噴水から、どんどん水が噴き出してくる様子を見たり、舟の中にさまざまな物を入れて浮いたり沈んだりするのを確かめたり、ペットボトルのおもちゃで遊んだりすることで、水に興味を持ちました。2歳の子どもたちの興味は噴水に集中しました（P.189写真1参照）。

　サークルタイムで、「水」について子どもたちから言葉やイメージを引き出します。「毎朝どうやってお顔を洗う？」「おうちに水道ある？」「雨って知ってる？」「どこからふってくる？」など、ごく身近な「水」についての話をサークルタイムで話します。あらためて子どもたちは身近にある「水」について知ります（写真1参照）。

② 「みてみよう！」の取りくみ（見本を見せる）

　玄関ディスプレイでも楽しんでいる、"水に浮く物、沈む物"を、お部屋に水槽を用意し日常生活に使う物などでためしてみました。保育者が見本を見せた後、取りくみます。スポンジ・石・どんぐり・発泡トレイ・ボタン……などいろいろなものを試して、その都度、子どもたちに浮くか沈むか問いかけます。初めは、推測もせず「うく」「しずむ」と適当に言っていましたが、いろいろなものを試すごとに、手のひらでそのものの重さを感じてみたり、大きさで「しずむ」と言ってみたりと、変化が出てきました。子どもたちが試してみたいものも聞いて取りくむことで、興味や好奇心は倍増しました。そして、この活動を何回か繰り返したり、数日後にまた取り入れたりして、子どもたちの好奇心を刺激しながら、経験できるようにしていきました。子どもたちは、次にこれを試してみたい、あれも試してみたいとプロジェクトにのめりこんでいきました（写真2、3、4参照）。

第5章 ●スパイラルに学ぶ スマートプロジェクトメソッド実践例

写真1：サークルタイムで水のついてみんなで話しているところ

写真2：いろいろな方法で水槽に水を入れることで水の特性を子どもたちに知らせる

写真3：浮くもの、沈むものを体験する。スポンジを入れてみる

写真4：石を入れてみる

③「どうしてそうなるの？」④「もっと知りたいな！」の取りくみ
（理解を広げる・深める）

写真5：はっぱの傘でイメージ遊び

写真6：おもちゃの中を流れる物の速さを楽しんだり、高いほうから低いほうへ流れる水の性質に気づく

223

●水に関するおもちゃ作り
●傘をイメージして　言語遊び（写真5参照）
①1つのペットボトルに浮くもの沈むものを入れます。「雨がふってきたよ。ざあざあ、降ってきたよ。」
②その中に、じょうごを使って水を入れます。
③もう一つのペットボトルとホースで繋ぎます。「雨がこぼれるよ。」
④水の流れ（高いほうから低いほうへ流れる）特性も体験します。「雨漏りするよ。」（写真6）

その他の「水」の活動
・プール遊び
・水やり
・水に関する絵本「かえるくんのぼうけん」などの読み聞かせと人形劇の上映

まとめ

　2歳児のプロジェクト型幼児教育の取りくみは、大変楽しいものです。プロジェクト幼児教育は、家庭でも取り組めるものが多く、「水」などもごく身近なものなので、子どもたちは生活体験の中にある水について知ってることが少なからずあります。そんな子どもたちの中から出る、知っていることや、イメージを引き出すことで、会話が広がります。また「そうなのぉ！」「先生しらなかったなぁ」などというと、子どもたちははりきって次から次へといろいろな話を広げていきます。

　それは、どんな話をしてもそうでしょう。プロジェクト型幼児教育に取りくむ以前も、子どもたちとの会話は広げられてはいました。しかし、プロジェクト型幼児教育に取りくみはじめ、何か保育者が意図をもって引き出そうとするのとは、活動への取りくみも言語の広がりも、その幅広さに大きな差があるように感じます。遊びの中で学ぶ活動が、2歳児であってもできるように思うのです。そして、2歳児の子どもたちの興味や好奇心を大いにくすぐる活動であることはまちがいないように感じます。大きなスパイラル（繰り返し反復する活動）の中の1地点として2歳児らしい活動を展開していきたいと思っています。子どもたちの「水を知る」遊びは産まれて体を拭いてもらったとき、0歳から始まっているのかも知れません。子どもの学びはいつから始まるか、2歳児のプロジェクトに取りくむようになって、以前以上に興味がわいてきます。

第5章 スパイラルに学ぶ スマートプロジェクトメソッド実践例

2歳児 その他のプロジェクト　……中関幼稚園

○受け入れ　2歳児　4月の取りくみ

クラスの色の足跡シールをたどれば、自分のマークのついた靴箱にたどり着ける

拡大コピーしたお便り帳の印を見ながら自分でシールを貼る

お便り帳入れ（ウォールポケット）には顔写真・名前・自分のマークが付けてある

ハンガーにも、自分のマークのシールや顔写真、名前を貼り、わかりやすくする

225

○ボディイメージ　2歳児　10月の取りくみ

鏡を使って…
全身が映る鏡を飾り、いろんなポーズをとりながら自分の体がどのように動いているのかを見ていった

人形を動かして遊ぼう！
机の上で体が動かせる人形を置き、子どもたちはそれを動かしながら、「バンザイのポーズ」や「ジャンプのポーズ」などに動かして遊び、それを真似て自分たちも体を動かした。また、体の部位についても話しながら遊んでいる

○数の取りくみについて　2歳児　9月の取りくみ

カードを色に「分ける」活動から楽しむ

どっちが多いかな？

第 5 章 ● スパイラルに学ぶ スマートプロジェクトメソッド実践例

2歳児 春のプロジェクト ……きんこう第二保育園

発達領域　　　　　　　　　　　　　：「時間の理解」
4月・5月の主となる遊びのテーマ　：「春」
学年の遊びのテーマ　　　　　　　　：「春を見つける・春を感じる」

①「なんだろう？」の取りくみ（方向づけ）

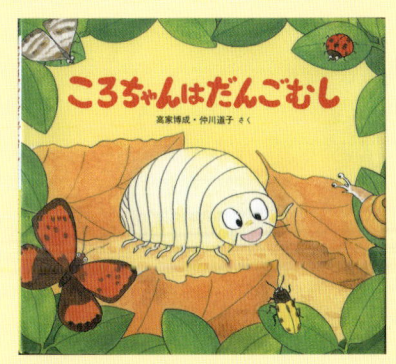

写真1：『ころちゃんはだんごむし』
童心社　作：高家博成・仲川道子

写真2：『はるをさがしに』
偕成社　写真：久保秀一
文：七尾　純

写真3：壁：虫のディスプレイ

写真4：天井：ピンクの布とお花のモビール

写真5

写真6

『ころちゃんはだんごむし』、『はるをさがしに』など、春の絵本をディスプレイとしてかざります（写真1、2参照）。
　保育室の壁には、絵本に出てきた虫を大きくカラーコピーして飾りました。子どもたちは絵を見て、「だんごむし〜！！」「はらぺこあおむし見つけたぁ！」「ちょうちょがいっぱいいるよ！」などと、興味を持ってお話してくれました（写真3参照）。また、保育室を春の色で明るくするために、ピンクの布とお花のモビールを天井に飾りました。お花のモビールにつけてあるリボンを見て「ちょうちょみたい！」と、子どもたちは喜んでいました（写真4参照）。
　サークルタイムでは、ディスプレイした本や『はらぺこあおむし』などの絵本を読んで、"春"について子どもたちから言葉やイメージを引き出したいと思いました（写真5参照）。「今お庭に咲いているお花は何かな？」「あおむしはおおきくなったらちょうちょになるんだね！」「お外にはどんな虫がいるかな？」など、春の虫や花についての話をしました。本物のさなぎを見たことがない子どもたちは、さなぎの絵を見て「これ何？」と不思議そうな表情をしていました。「あおむしはさなぎになって寝るんだよ。寝てる間にちょうちょになるための準備をしてるんだよ。」と話します。はらぺこあおむしが大きくてきれいなちょうちょになる場面では、子どもたちは「わぁ！ちょうちょだぁ〜！」と声をあげて大喜びでした。「はらぺこあおむし」の絵本からちょうちょに興味を持った子どもたちは『あげは』という絵本を開き、たくさんのちょうちょに大喜び。1つずつ指をさしては名前を聞いたり、「黄色い」「黒い」「大きいね」などと話していました。ちょうちょにもいろいろな種類があり、色や形が違う仲間がたくさんいることを知りました（写真6参照）。
　次に戸外あそびやお散歩の中で、子どもたちが自分自身で春を見つける活動をしました（写真7〜21参照）。
　園庭にはたくさんのチューリップやきれいなパンジーが咲いていたので、子どもたちに春のお花にも興味を持ってほしいと思いました。サークルタイムで歌を歌う時と同じように、保育者が手でお花を作って「さいた〜♪さいた〜♪チューリップの花が〜♪」と歌ってみると、何人かの子どもたちが一緒に手でお花を作って歌っていました。パンジーの花を見て、「このお花ちょうちょみたい！」という子どもならではのつぶやきを聞くこともできました。
　テーマが身近で親しみやすいこともあって、虫に興味を示す子どもは多く、ちょうちょ、だんごむし、あり、てんとうむし、はち、かたつむりなどの虫を夢中で探していました。

第5章 スパイラルに学ぶ スマートプロジェクトメソッド実践例

② 「みてみよう！」の取りくみ（見本をみせる）

写真7：「チューリップの中は…？」

写真8：「お花が咲いたね！」

写真9：「さいた〜♪　さいた〜♪」

写真10：「だんごむし発見！」

写真11：「葉っぱで触ってみよう！」

写真12：「ありさんどこ行くの？」

写真13「ありさんつかまえたよ。」

写真14：「何かいるよ！」

写真15：「いたいた〜！」

229

写真16：「このお花ちょうちょみたいでかわいいね！！」

写真17：「見て〜、虫！」

写真18「だんごむし丸くなったぁ！」

写真19：「ありさん何してるの？」

写真20・「ありさんつかまえたよ！！」

写真21：「手にのせてみよう！！」

③「どうしてそうなるの？」の取りくみ（理解を広げる）

写真22「触ってみよう！」

写真23：真剣な表情で見ています。

写真25：あげはちょうの観察

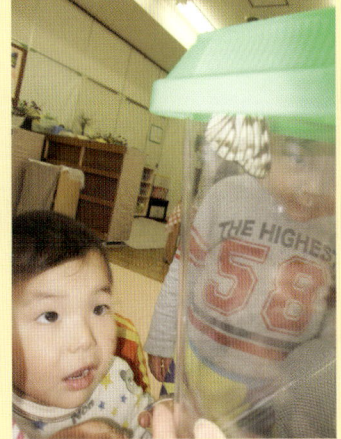

写真26、27、28：あおむしからちょうちょになる過程を知ったよ！

　戸外で見つけたかたつむりやあげはちょうを、保育室で観察しました。
　「触ってみたい！！」と言って、かたつむりに触れる子（写真22参照）、下からじっとながめている子（写真23参照）、図鑑を手に持ち調べている子（写真24参照）など、興味の持ち方はさまざまでした。見る喜び、触れる喜びを感じました（写真25～27参照）。「ちょう」の絵本を読んで、あおむしがさなぎになり、ちょうちょになることを子どもたちに伝えました（写真28参照）。

写真24：図鑑を持って観察してみよう！

④「もっと知りたいな！」の取りくみ（理解を深める）

写真29:「ちょうちょのデカルコマニー」

写真30

写真31：親子でちょうちょに変身して遊びました！！

写真32

　ちょううちょの画用紙は、3色の中から子どもが選び、絵具の色も子どもが自由に選びました。絵具を画用紙につけ、デカルコマニーの技法で画用紙を開く子どもたちは、「どうなっているんだろう？」と、ワクワクした様子でした。できあがったちょうちょを目にした子どもたちは、それぞれに歓声をあげ、笑顔で喜んでいました。（写真29、30参照）。

　親子参観（オープンクラス）の日はお面と、あらかじめ作っておいた羽をつけてちょうちょに変身！「ちょうちょ」のリズムに合わせて歌ったり、自由に体を動かしたりしました。活動を発展させるために、2

回目は同じ色のちょうちょで集まりました。保護者の方も一緒にちょうちょになって、親子で楽しいひと時を過ごすことができました（写真31、32 参照）。

まとめ

　2歳児のプロジェクトの最初のテーマは「春」。とても身近で親しみやすくわかりやすいテーマだったので、子どもたちもすぐに花や虫に興味を持ち、意欲的に活動してくれました。ディスプレイのさなぎを見て、「何これ？」と言っていた子どもたちも、絵本を見たり、実際にちょうちょを観察したりしていくなかで、さなぎとは何かを知りました。サークルタイムでちょうちょやはちになって歌ったり、手でお花を作ってチューリップを歌うなど、春の季節を楽しむ活動を日々取り入れていったことで、子どもたちは、園庭で夢中になって虫を探し、虫に疑問や驚き、発見の喜びを感じた子どもたちは自分で図鑑を開き、調べようとする姿も見られました。キラキラと目を輝かせながら虫探しをしている子どもたちを見ると、「もっと何か興味を持たせてあげたいな。」「虫に関する楽しい活動ができないかな。」など、子どもたちの反応に、保育者も喜びを感じ、活動が発展していきました。オープンクラスで、親子でちょうちょになって遊ぶ活動では、子どもだけでなく保護者の方も楽しまれていました。

　あそびの中でいろいろなことを吸収し、学んでいる子どもたちの姿を見て、2歳児でもプロジェクトは可能だとあらためて感じられます。難しい活動にこだわらず、子どもたちが何に興味を持っているのか、保育者が何を伝えたいのかを明確にし、活動に取りくんでいきたいと思います。発達領域を「時間の理解」としていますが、この領域に到達したかどうかということを、2歳児にとっては、「大きくなる」といったような理解度だったようです。しかし、これは2歳、3歳、4歳、5歳と毎年経験する中で、スパイラル的に理解を広げ深めていくことの出発点として考えたいと思います。そして、2歳児には、どんなあそびや学びがふさわしいか、これからの研修も必要だと考えています。

ピラミッドメソッド Q&A

『21世紀の保育モデル』読者から多く寄せられた質問と解答

1 プロジェクトの考え方について

Q1：ピラミッドメソッドというのはどういうものか？幼稚園・保育園によってその使い方は異なるのか？

A1：オランダ国立教育評価機構（Cito）の幼児教育部門プログラムリーダーであったカルク博士を中心に確立されたもの。
①社会性をともなった情緒の発達 ②個性の発達 ③運動の力の発達 ④創造的な能力の発達 ⑤知覚力の発達 ⑥言語能力の発達 ⑦考える力の発達 ⑧空間と時間の理解の8つの発達領域から成る。各園の取りくみ方により、取り入れる状況は変わってくる。

Q2：プロジェクト（各月のテーマ）を組む順番などについて、法則のようなものはあるのか？

A2：例えば、「大きさ」について行った後に「数」について行うなど、内容の理解度・難易度を考慮して組んでいる。また、4月の受け入れのように時期的に動かせないものもある。子どもの「身近な」生活の中からテーマを選び、徐々に「身近なものから遠いものへ」テーマを広げていく。

Q3：プロジェクトの主となるテーマと学年のテーマはだれが決めているのか？

A3：中関幼稚園では、各学年別→スタッフリーダー→教務主任→園長・副園長・主任→月別担当者（各学年担当）、といった段階を踏んで、テーマ決めを行っている。

2 指導計画の考え方について

Q1：幼稚園教育要領とプロジェクト型幼児教育法のつながりをどのように捉えているのか？

A1：国によって示された「幼稚園教育要領」の総則とねらい、および、内容の5領域（①健康 ②人間関係 ③環境 ④言葉 ⑤表現）に沿って、園のプログラムを構成しているが、その中にピラミッドメソッド（8つの発達領域）を組み込んでいる。指導内容と指導方法は、『21世紀保育モデル』（オクターブ 2008年）で示したように、子どもの身近な生活の中からテーマを選び、子どもたちが自分の力でその考えを広げていけるように（生きる力）、さらに一人ひとりのニーズに合ったもの、分かりやすいものにして、楽しく遊んで学べるように図っている（P.138 学年別年間保育計画表参照）。

Q2：指導計画の様式はどのようになっているのか？

A2：P.140「指導計画の策定順序と概要」の表のように、1年間の教育プログラム→学年別年間保育計画→月別計画→マニフェスト（月別計画、月の知育教材や言葉などを写真など

でわかりやすく示したもの。）→週の指導計画→日案という流れに沿って計画し、実施している（P.136-141参照）。

Q3：マニフェストに書かれているものが、指導計画にそのままおりてきているか？
A3：指導計画はマニフェストを中心にかかれるが、行事内容が中心となることもある。ただ、発達段階やテーマは、常にマニフェストを意識したものになっている。

Q4：月案、週案の中にもコーナー保育やプロジェクト（テーマに沿った計画書）の詳細が書かれているのか？
A4：その月のプロジェクトの詳細を書いている。月案は学年ごとに統一し、どう取りくむかを話し合い、記述。週案は具体的な内容や行事、保育の詳細や子どもたちの到達度や反省などを記述している。週に1度、各担当が具体的な内容を構築し、準備に入る。

3 プロジェクトの進め方について

Q1：行事への取りくみはどのように行っているのか？
A1：各行事を通して子どもたちに何をつたえたいのか、どう発達して欲しいのかを、プロジェクトのテーマを用いた取りくみとして行っている。それにより具体性がでて、自然に意欲的な発達につながり、自主的に行えるようになってきた。行事も単独ではなく園生活の延長として捉えることにより、一連の子どもたちの発達過程の成果としての要素がより濃くなった。また、それを2年、3年とスパイラル的（反復活動の繰り返し）活動として保育者が取りくむことにより、子どもたちが活動を繰り返し、積み重ねていくので、それぞれの到達度を以前よりも高く設定できるようになってきた。

Q2：サークルタイムでのプロジェクト導入後もコーナー遊びにプロジェクトに関する遊びを取り入れているのか？
A2：取り入れている。「考える」「数遊びをする」「発見のコーナー」がそれにあたる。保育者がコーナーをまわって個々の発達段階を意識し、なげかけを行い、遊びを展開させる理想的な姿にはなりつつある。単なるコーナー遊びの時期もあったがプロジェクトを導入した後はテーマを意識したコーナー遊びを用意するようになった。

Q3：「ままごと」「積み木」「製作」「絵本」「知育遊び」「プロジェクト（そのつきのテーマ保育にちなんだもの）」コーナーは常に配置してあるのか？
A3：はい。園のキーワードは「HAPPY DAY-HOME」（あたたかな昼間の家庭）であることから、家庭的な保育スタイルを目指している。

Q4：「年少3歳児では使わないコーナーは閉じている」と『21世紀の保育モデル』に記載されていたが、なぜか？

A4：コーナーを閉じて遊びの選択の可能性に新しい刺激を与える。年少3歳児の子どもたちにどの選択ができるのかをわかりやすくするためで、布をかけたり、リボンをつけるなどして、意図的に遊びの制限をする。プランニングボードを使って空間を使う、使わないという概念が年少3歳児にとってはまだ難しいので、「閉じる」方法を使う（『21世紀の保育モデル』P.49、P.53参照）。

Q5：コーナー保育の中にあるプロジェクトコーナーは、1週目から4週目まで同じ設定なのか？

A5：基本的には同じだが、子どもたちの活動の取りくみ方により、違うものや複雑なものなどに内容を変えていく場合もある。

Q6：1週目の方向付けのときに、保育者が意図している方向に導くための投げかけを子どもたちにしているのか？ または、全く子どもたちの自由にまかせて活動しているのか？

A6：前月の4週目の玄関デイスプレイからすでに次月のテーマへの導きが始まる。自然に興味を持つ子もいるが、どの子も興味が持てるように、サークルタイムでテーマや発達領域にあったなげかけをし、自然にその月の大きなテーマの中で子どもたちは遊んで学ぶシステムになっている。

Q7：プロジェクトのほかにクラス全体で一斉に一つのことを行う活動（例えば制作など）はあるのか？

A7：ある。積み木のコーナーでは全員で街づくりなどをする（写真1）。体操、リトミック、避難訓練などもしている。

写真1

Q8：プロジェクトをもとに異年齢交流をしているか？

A8：発達領域が「考えることの発達」、主となるテーマ「色と形」のときは、お店屋さんごっこ、発達領域が「考える事の発達」、主となるテーマが「大きさ」のときは世界旅行で交流した。また、発達領域が「言葉の発達」、主となるテーマが「期待」のときは、異年齢での遊びを多く取り入れている。

ピラミッドメソッド Q&A

4 その他

Q1：ピラミッド教具というものはあるのか？ どういうものなのか？ インターネット上でピラミッド教具「セリオ」という文を見つけたのだが、それについて調べても何も出てこない。

A1：ある。オランダのニーホイス社が製作している。「セリオ」以外にも、数多くのピラミッド教育に用いられる知育教材がある。

Q2：ピラミッドメソッドの参考書籍はどんなものを活用しているのか？

A2：『未来の保育園・幼稚園－ピラミッド教育法』Dr.Jef van Kuyk 著　辻井　正 訳
ピラミッドメソッド保育カリキュラム全集より『ピラミッドブック 基礎編01』
Dr.Jef van Kuyk 他 著　辻井　正 監修
『21世紀の保育モデル－オランダ・北欧幼児教育に学ぶ－』島田教明・辻井 正 共編著
『世界で一番幸せな子どもたち－オランダの保育』辻井 正 著
『ベストキンダーガーデン』　辻井 正 著　　　　　　　　　　　　　　　　　　ほか

Q3：一番最初にプロジェクト型幼児教育を園に取り入れた時、どのように行ったか？

A3：室内イメージを整え、コーナー遊びを整えるところから始め、具体的には、サークルタイムの時に試験的に徐々に取り入れていった。

Q4：ストックボックス（教材保管箱）はどのようになっているか？

A4：初めはクラスごとに入れていたが、年数を重ねるにつれて教材も増え、今では各学年ごと、テーマごとにまとめて保管している（P.133の写真参照）。

Q5：評価はどうなっているのか？

A5：個人評価と自己評価を行っている。個人評価は、学期ごとに変化や発達したところ、生活全般においても、一人ひとりについて記録し、保護者にも伝えている。自己評価はプロジェクト教育を実施するうえで大事なポイントとなる。各クラスルームには知育教具（ニーホイス社）が置いてあり、遊びの中で学ぶことができるが、理解度を自ら確かめる仕掛けになっているものもある（写真2）。

写真2
写真右中央のシルエットカードをヒントに、写真右下のカードを選ぶ。このように、広げて並べたカードから1枚選び、裏に書かれたヒントの答えのカードを次々と探して遊ぶ。さまざまな種類のものがある

あとがき

　『21世紀の保育モデル』を出版してから3年が経ちました。そのときのメンバーとしては、私は参加していませんでしたが、あの本があったからこそ、今があるのだと痛感しています。当時、本を出版することは大変勇気がいることだったでしょう。ですが、それだけ訴えたいこと、伝えたいこと、広めたいことがあったのです。正直その反響は大きいものでした。一律一斉の保育・教育から脱却し、現代の子どもたちにいかに適した保育をするかを模索し、新たな保育方法を提案した『21世紀の保育モデル』を読んだ方々から、たくさんの共感や疑問の声をいただきました。

　皆さまからのご意見や疑問に答える中で、また、われわれの進めている保育についても立ち返り、この3年で、中関幼稚園のプロジェクト教育は、また新たな発展を遂げたと実感しています。また、中関幼稚園の試みに並行する形で、きんこう保育園ときんこう第二保育園でも、2歳児でテーマ型トピック保育や、保育園として一律一斉の保育からの脱却を目指し、プロジェクト保育や担当制を導入するなど、新しい試みを行ってきました。さまざまな模索を繰り返し、今、ひとつのベターなやり方ができあがったと実感しています。本書は、その進化した中関幼稚園の新プロジェクト保育ときんこう保育園、きんこう第二保育園の担当制保育を中心にまとめたものです。

　昨今、幼稚園と保育園の一体化への動きが物議を醸しています。一見同じようで、全く異なるこのふたつのシステムを統合するには、かなりの困難が予想されます。しかし、「本書で紹介した考え方や、やり方をベースにしてご活用いただければ、必ず乗り切っていただける！」そんな意気込みで本書を作らせていただきました。

　少子化の中、園として生き残っていくためには、「就学前の子どもたちにいかに適した保育環境を提供できるか、教育スタイルを確立できるか」を、ある意味一種のブランドとして打ち出せるかが鍵になっていると思います。これからは保護者の方々が園を選択する。その傾向がより強くなるでしょう。だからと言って、保護者の方々のニーズにだけ目を向けるべきだということではありません。時代の流れとともにそれに即した方向性はありますが、ニーズをすべて受け入れていたのでは、園の方針がゆらいでしまいます。それではあまりにも子どもたちがかわいそうです。そういう意味ではなく、保護者の方々に納得して選択されるような園の特色を打ち出し、こちらからそれをプレゼンしていく必要があるということです。

あとがき

　そのためには、「0歳からの教育」というものをしっかり考えた上で、園独自の方針を提案していく必要性があります。待機児童がたくさんいて、とりあえず1日面倒を見てくれればそれでいいというところであっても、少子化によって過疎地域が増える地方であっても、これからの保育は、このようなことが重要になってくると考えています。そして、それがひいては、園として生き残る術にもなってくるのではないでしょうか。

　本書を出版するにあたり、私どもの園での試みを皆さまにお伝えすべく、日ごろの保育スタイルを文章化する作業を行ってまいりましたが、文章化することがこれほどまでに難しいことなのかと壁にぶつかったことも多々ありました。大人の表現力が低下していということでしょう。日ごろ行っていることだけではなく、思っていること、考えていること、それらを表現することもままならない現実があります。やれば自然にできるのに、書くことができない。書くだけにとどまらず言葉で伝えることができません。

　しかし、プロジェクト教育を受けた子どもたちは、好奇心いっぱいになり、遊びを通して、自分で考え、自分の言葉で考えを述べ、自分で自分の考えを広げ、深めていけるようになっていきます。言語力、表現力を高め、小学校からの学びの基礎となる、心・体・学びへの興味と意欲を育む教育、それがスマートプロジェクトメソッドなのです。

　保育園、幼稚園にとって、職員の入れ替わりというのはやむを得ないことですが、それによって質の低下が起きないようにすることは永遠の課題だったかもしれません。しかし、実は、少なくともカリキュラムと実践方法が明確になっていれば、ある程度の質は担保できます。導入部分は練習や勉強が必要ですが、仕組みさえわかってしまえば、自然と体がそれに対応して動けるようになるのです。本書で紹介しているプロジェクト教育や担当制は、子どもたちにとって居心地がよく、わかりやすいだけでなく、保育者にとっても、非常にわかりやすいシステムなのです。新人の職員が、日々の保育を毎月毎週毎日プランニングしていくのは、非常に困難です。それを指導する側にも過度の負担がかかります。それを軽減することも、このシステムなら可能なのです。一見、従来と異なるやり方に、難しいのではないか、やりにくいのではないかとの先入観をもたれ、尻込みされてしまいがちです。しかし、一度始めてしまうと、これほどやりやすいシステムはないでしょう。

　事理という言葉が仏教用語にはあります。「事」とは、現象界の事物・事象であり、「理」と

は、その背後にある絶対の真理ということです。言い換えると、「事」とは、日々の保育や教育ででてくる姿勢や表現であり、「理」とは、保育をする上での絶対的なスタンスということです。「事」ばかりでも保育は成り立ちません。「理」があるからこそ「事」が成り立つのです。「事」だけが先行しても、「理」だけが先行してもいけない。双方がバランスよく成り立つ形にしなければならないという意味です。

　本書で紹介したプロジェクト教育や担当制は、「事」がしっかりした手法です。ある意味システマティックで、保育者が代わっても、一定レベルの保育が確保できるというメリットもあります。

　一方で、保育というものはそれだけではありません。人と人のかかわりの中で行われるものです。つまり、ここでいう「理」は、子ども一人ひとりの声をきくということです。もっといえば、「寄り添う」ということです。それがなければいくらシステムが確立されていても意味がありません。「理」がしっかりしているからこそ、「事」がスムーズにできるのです。

　「事」を追求研究し、進化させていくために、教材研究や前年度実施したプログラムの反省すべき点は反省することは重要です。そうすることで「事」を本当の意味でわれわれのものにしていくことができ、それが想像もできないような化学変化をもたらすのです。ひいては、それが特化した園のブランドになっていくかもしれません。

　しかし、「理」があっての「事」だということを忘れてはいけません。個を育んでいるということ。一人ひとりに寄り添い、声をきくこと。そこからすべてが始まっているのだということを念頭に置いて、これからもベストな保育を追求していかなければならないと思っております。

　ようやくここまでたどり着けたことに大いなる感動を覚えています。

きんこう保育園園長　**島田一道**

著者紹介

島田教明（しまた のりあき）
学校法人島田学園中関幼稚園、社会福祉法人防府滋光会きんこう保育園、きんこう第二保育園理事長。浄土真宗本願寺派善正寺住職。日本保育協会保育問題検討委員会委員。2008年に共編著で『21世紀の保育モデル』（オクターブ）を上梓。現在は、上記3園の理事長として、子どもたちにとってよりよい保育・教育に取り組むとともに、内閣府の「子ども子育て新システム検討会議」の「こども指針（仮称）」ワーキングチームのメンバーとして、幼保一体化後の指針づくり（仮称 子ども指針）の会議に参画。これからの日本の子どもたちにとってベストな保育と教育を考え、さまざまな活動を行っている。

辻井　正（つじい ただし）
社会学博士。「ピラミッドメソッド国際教師」の資格授与者として、Cito（オランダ政府教育機構）より公認。元神戸こども総合専門学院学院長として、日本のピラミッドメソッド保育者養成の主軸を担ってきた。現在は、ＮＰＯ法人国際臨床保育研究所所長として、障害児や軽度発達障害児等の子どもを持つ保護者の方々が安心して我が子を預けることができる、ノウハウのある保育園やデイケア的な相談の場所の増設と、保育士の方々に発達障害児の保育プログラムの提供や各国の保育方法・遊び方の訓練の講座運営に関する事業などを実施している。

執筆・現場リポート・撮影・協力

中関幼稚園：篠原正義／宇佐美幸枝／萬谷　恵／豊川弘子／波田真由美／三宅由理／白井めぐみ／清水かおり　他職員一同
きんこう保育園：島田一道／河村紀子／杉田　香／藤井裕子／遠藤彩子／松田依里子　他職員一同
きんこう第二保育園：島田律子／國弘裕子／大塚香代／常岡えり／尾中裕子　他職員一同

協力：学校法人島田学園　中関幼稚園
　　　　　　　　　　　　〒747-0834　山口県防府市田島1360-1
　　　　　　　　　　　　TEL 0835-22-4246　http://nakanosekiyouchien.com/
　　　社会福祉法人防府滋光会　きんこう保育園
　　　　　　　　　　　　〒747-0834 山口県防府市大字田島433
　　　　　　　　　　　　TEL 0835-38-3456　http://www6.ocn.ne.jp/~kinkou/
　　　社会福祉法人防府滋光会　きんこう第二保育園
　　　　　　　　　　　　山口県防府市田島2585-1
　　　　　　　　　　　　TEL 0835-29-0400　http://www9.ocn.ne.jp/~kinkou2/

0歳からの教育
―スマートプロジェクトメソッド―

2012年2月15日　初版第一刷発行
2014年5月31日　初版第二刷発行

共編著：島田教明／辻井　正
発行人：光本　稔

発行所：株式会社オクターブ
　　　　〒606-8156
　　　　京都府京都市左京区一乗寺松原町31−2
　　　　TEL：075-708-7168
　　　　FAX：075-571-4373

デザイン：(有)ジェイアイアルテ
編集：編集工房キャパ

印刷・製本：株式会社シナノ

©Noriaki Shimata, Tadashi Tsujii 2012 printed in Japan
ISBN 978-4-89231-090-4　C0037
＊落丁・乱丁本はお取替えいたします。本書の無断転載を禁じます。